Jürgen Langhans

Wir schreiben für die, die lesen

Wir schreiben für die, die lesen

Kritisch-satirischer Aufsatz
zur Rechtschreibreform

Jürgen Langhans

BoD

Danksagung

Ich bedanke mich ganz herzlich bei all den fleißigen Erfindern der sogenannten Rechtschreibreform für den so überaus hoch-interessanten Konfliktstoff, ohne den es diesen Aufsatz nie gegeben hätte.

J. Langhans

Lektorat: Dr. Manfred Pohl, Potsdam
                 Gerald Slotosch, Tharandt

Klassische
Schreibung

1. Auflage September 2000, Redaktionsschluß 31. August 2000
Printed in Germany by Books on Demand GmbH
ISBN 3-8311-0735-1

Inhaltsverzeichnis

Anhang:

Zum Zeitpunkt der Drucklegung

... dieses Büchleins überschlagen sich die Ereignisse: Am 1. August 2000 geht die Frankfurter Allgemeine Zeitung (FAZ) überraschend wieder zur herkömmlichen, traditionellen Rechtschreibung zurück. Andere Zeitungsverlage ziehen nach. Wenig später entscheidet sich auch der Deutsche Hochschulverband zur Wiedereinführung der bisher regulären Schreibung. Wie ein „Schildbürgerstreich" mutet die Herausgabe eines von Professor Theodor Ickler völlig neu konzipierten Rechtschreibwörterbuches auf der Basis der seither altbewährten deutschen Rechtschreibung und Grammatik an. Im World Wide Web plazieren die großen Verlage plötzlich jede Menge Online-Umfragen, wohl um herauszubekommen, wie der geneigte und vielleicht im Zuge der Reform verlorengegangene Leser denn nun in Zukunft gern lesen möchte: In Neuschrieb oder in der herkömmlichen, traditionellen Schreibung. Die an den Umfragen teilnehmenden Befürworter der herkömmlichen Schreibung pegeln sich so bei 70...80% ein.

Der Literaturkritiker Marcel Reich-Ranicki mischt sich in die neu entbrannte Debatte um die neue Rechtschreibung ein und empfiehlt allen Schreibenden, vorläufig bei der alten Orthographie zu bleiben. 7. August: Namhafte Schriftsteller und Professoren schließen sich dem Aufruf des Nobelpreisträgers für Literatur Günter Grass an, „... zur bewährten und besseren Rechtschreibung ..." zurückzukehren.

Unabhängig davon wird die in der Bevölkerung umstrittene Rechtschreibreform offenbar stillschweigend überarbeitet. Nach Informationen der WELT habe die Rechtschreibkommission aus negativen Erfahrungen gelernt und plane *„tief greifende"* (Achtung, Neuschrieb!) Änderungsvorschläge.

Die Wörterbuchverlage Bertelsmann und Duden haben prompt gehandelt, Teile der Rechtschreibreform zurückgenommen und entsprechende Neuauflagen produziert. Für zahlreiche Schreibweisen, die im ersten Duden nach der Rechtschreibreform verbindlich festgelegt waren, sind wieder herkömmliche Schreibweisen zugelassen. Nur: Alle Duden ab Erscheinungsjahr 1996 dürften unbrauchbar sein, zumal im Jahre 2003 weitere Korrekturen erfolgen sollen. Konrad Duden würde sich im Grabe umdrehen, könnte er miterleben, wie verantwortungslos die neuzeitlichen Redakteure mit seinem Erbe umgehen. Vielleicht reden wir im alltäglichen Sprachgebrauch auch bald nicht mehr vom *Duden*, sondern vom *Ickler*.

Bertelsmann macht das „Beste" aus dieser Vorahnung und verramscht seine noch gar nicht so alten Wörterbücher als sogenannte Mängelexemplare für 10,- Deutsche Mark, und zwar „...solange der Vorrat reicht" (Nordwest-Zeitung vom 30. Mai 2000).

Zum heutigen Zeitpunkt ist nicht absehbar, ob sich in Sachen Rechtschreibreform nun tatsächlich die Vernunft gegen unverantwortliches Tun durchsetzen wird. Die Reform hat großen Schaden angerichtet. Eltern sahen sich gezwungen, neue Schulbücher zu kaufen, und die Unwissenheit vieler Leute in Sachen Schreibung wurde schamlos ausgenutzt. Behörden, Institutionen und Industriefirmen haben mehr oder weniger freiwillig auf den Neuschrieb umgestellt und den damit verbundenen völlig sinnlosen Aufwand hingenommen. Vereine, Initiativen und Privatpersonen haben sich mit z.T. nicht unerheblichen finanziellen Mitteln für den Erhalt unserer Schriftsprache eingesetzt.

Seit August 2000 „darf" nun wieder öffentlich in den Medien gegen die Reform diskutiert werden. Die Reformgegner werden nicht mehr allerorts als unbelehrbare, konservative, altmodische, reaktionäre, inkompetente und nicht lernwillige Schwätzer hingestellt, und so soll der hier vorliegende Aufsatz einen weiteren Beitrag zur Meinungsfindung aller derer leisten, die erst jetzt durch die neuerliche Diskussion richtig aufwachen und sich ein eigenes Bild machen wollen.

Reformgegner werden plötzlich nicht mehr *ernst genommen*, sondern *ernstgenommen*. Ein gutes Zeichen, eine Chance.

Das Zurückgehen einzelner Bäumchen-Wechsle-Dich-Verlage und zahlreicher Institutionen zur herkömmlichen Schreibung bedeutet nun nicht automatisch, daß die Reform komplett vom Tisch ist. Die Reformwilligen wehren sich. Es sind diverse Vorstellungen von Korrekturen, Anpassungen und Kompromissen in der Diskussion. So besteht beispielsweise die Gefahr, daß zwar die künstlichen Auseinanderschreibungen und auch die Liberalisierung der Kommasetzung zurückgenommen werden sollen, nicht jedoch die neue „ss"-Schreibung. Derartige Kompromisse müssen verhindert werden. Wir werden in den folgenden Kapiteln sehen, warum auch eine sogenannte „verträgliche 'ss'-Schreibung" keinen Sinn macht.

Wie nötig der weitere Kampf gegen den „verordneten" Unfug auch weiterhin ist, zeigt u. a. die Antwort der WELT vom 1. August 2000 auf einen Leserbrief, die ich mir erlaube, hier auszugsweise zu zitieren:

„... Zuweilen muss man aber auch Einsicht in die Notwendigkeit haben. Die Kultusminister aller deutschen Bundesländer, Österreichs und der Schweiz haben nun einmal eine neue Rechtschreibung beschlossen. Alle großen deutschsprachigen Verlage und alle Agenturen haben sich - mit hohen Kosten - umgestellt... Die neue Rechtschreibung wird seit nunmehr vier Jahren an den deutschen Schulen unterrichtet. Dem Entschluss der Frankfurter Allgemeinen Zeitung können wir uns nicht anschließen, da uns das Ignorieren bestehender Rechtsnormen beim besten Willen und trotz des verlockenden Ergebnisses nicht als Königsweg erscheinen mag ..." (DIE WELT, Chefredaktion, Dr. Wolfram Weimer, Axel-Springer-Str. 65, 10888 Berlin).

J. Langhans, Karlsruhe im August 2000

Phänomen und Neugierde

„Ich habe mich mein ganzes Leben lang mit dem Licht be-
schäftigt. Und ich denke, mit Rot und Weiß kann man kein
Gelb bekommen - man bekommt nur Rosa ... Der Anstreicher
hatte mir so viel Zeug erzählt, das vernünftig war, daß ich
bereit war, bis zu einem gewissen Grad die Möglichkeit ein-
zugestehen, daß es ein merkwürdiges Phänomen gab, das ich
nicht kannte ... Die einzige Möglichkeit, Gelb zu bekommen,
wird etwas Neues und Interessantes sein, und das muß ich
sehen."

Richard P. Feynman, Nobelpreisträger für Physik [1]

"Nein, da haben Sie kein Glück. Sie werden in keiner Kinder-
buchabteilung mehr Bücher finden, die nicht nach den neuen
Regeln gedruckt sind", nimmt mir die Fachverkäuferin in einer Karlsruher Buchhandlung jede Freude an meiner Suche
nach einem netten Kinderbuch. Traurig, diese Tatsache, wo
ich doch so gern Bücher verschenke. Und ich hatte mir doch
fest vorgenommen, die ganze Reform einfach zu sabotieren.
Aber beginnen wir von vorn ...

Manchmal gibt es Dinge, die verlangen, notiert zu werden,
sonst geben sie keine Ruhe. Mein tägliches Umfeld zwingt
mich geradezu, ebenso wie viele andere in die Auseinander-
setzung um die sogenannte Rechtschreibreform einzutreten:
Den meisten, die ich kenne, ist sie gleichgültig. Vielen meiner
Kollegen scheint es egal zu sein, wie im Unternehmen zukünftig Anschreiben, Dokumentationen und sonstige Schrift-
stücke grammatikalisch auszusehen haben. Inzwischen haben
die meisten Tageszeitungen auf den Neuschrieb umgestellt,
wohl um den Anschein des Neuen zu erwecken, um „modern"
zu wirken, und sei es nur durch das Schreiben eines *ss* anstelle
des *ß*, des berühmtesten aller Doppelkonsonanten. Stolz will
der Schreiberling damit verkünden: Seht, ich bin auf dem

neuesten Stand, bin informiert, kenne mich aus, brauche kein *ß*, kein Komma, ...

Da auch mir die eingangs zitierte Feynman'sche Neugierde angeboren ist, und da auch ich zu denen gehöre, die "merkwürdige Phänomene" nicht gleich als Unsinn beiseite stellen, habe ich mich auf die Suche nach dem "Neuen und Interessanten" der Rechtschreibreform begeben und versucht, die Ideen des umstürzlerischen Regelwerks nachzuvollziehen.

Dabei will ich gar nicht so sehr zu den eher trivialen Themen Stellung nehmen, die sich mit der Schreibweise einzelner, zufällig ausgewählter, an sich **gar nicht existierender Wörter** wie z. B. „Tollpatsch", „Delfin", „Stängel" oder „rau" befassen, sondern mein Ziel ist es, etwas grundlegender in das Umfeld dieser umstrittenen Reform einzudringen und anhand praktischer Beispiele die Unsinnigkeit, Nutzlosigkeit und Widersprüchlichkeit des ganzen Vorhabens und die damit verbundene Zweckentfremdung der deutschen Sprache aufzuzeigen.

Die Tatsache, daß dieses undurchdachte und völlig überflüssige neue Regelwerk heute als Standard in die Schulen Einzug gehalten hat, ist um so verwerflicher, als sich durch die Hintertür „Schulkind" die schlechte Schreibung langfristig durchzusetzen droht und das *gute* Deutsch irgendwann verschwinden wird.

Die Vorschläge der Reformer gehen weit über den Rahmen von Korrekturen an einzelnen Wörtern hinaus. Die neuen Regeln greifen insbesondere wegen der Liberalisierung der Zeichensetzung und der Reglementierung von Auseinanderschreibungen unmittelbar in den grammatikalischen Lebensraum unserer Schriftsprache ein. Das hat u. a. zur Folge, daß sich Texte in Zukunft schwerer lesen lassen. Fehlt an einer wichtigen Stelle ein Komma, wird der Lesefluß gestört.

Ich werde im folgenden beispielhaft zeigen, daß die sogenannte Rechtschreibreform das Schreiben nicht einfacher,
sondern schwieriger und primitiv macht. Ich werde außerdem
zeigen, wie wichtig so ein kleines Komma sein kann, und wie
leichtfertig es wäre, hier im Interesse von gewünschten Fehlerquoten einen Liberalismus einführen und gesetzlich verankern zu wollen.

Mein Ansatz ist:

- Der Schreibende hat eine **Verantwortung** dem Lesenden
  gegenüber.

Dies zu verdeutlichen und zudem aufzuzeigen, wie sorglos die
Reformer mit dieser so wichtigen Schreiber-Leser-Beziehung
umgehen, ist ein Anliegen dieses Aufsatzes. Ich will das ein
wenig erläutern:

Ein geschriebener Text muß immer von zwei Seiten betrachtet
werden, zum einen von der des Schreibenden und zum anderen von der des Lesenden. Die Schrift tritt hier als Kommuni-
kationsmittel zwischen diesen beiden Seiten auf. Und da wir
in der Schriftsprache keine Möglichkeiten wie Lautstärke,
Betonung, Tonfall, Mimik und Gestik haben, um hier wichtige
Differenzierungen ausdrücken zu können, brauchen wir eine
grammatikalische Struktur. Eine solche Struktur haben wir
uns im Laufe der sprachlichen Evolution in Form von grammatikalischen Gesetzen geschaffen. Wenn wir nun aber diese
Gesetze außer Kraft setzen, dann entstehen folgerichtig Ver-
ständigungsschwierigkeiten, d. h. der Leser eines Textes wird
die inhaltlichen Aussagen des Autors falsch oder gar nicht
interpretieren und empfinden können. Eine Flöte mit nur zwei
Löchern ist einfacher zu greifen als das heute übliche Instru-
ment, aber die Musik ist auch danach [2].

Da die deutsche Sprache überaus komplex ist, erstaunt es,
welche Feinheiten und Ideen die Schrift heute birgt, um für

eine klare Aussprache oder Interpretation zu sorgen, beispielsweise der Buchstabe "ß" (siehe weiter unten). Oder:

Er stand bei den Boten.
Er stand bei den Booten.

Hier versagt jede Regel bezüglich der Anzahl von Vokalen, und nicht einmal der nähere Kontext könnte weiterhelfen. Jeder muß diese Wörter lernen. Glücklicherweise sind die Reformgedanken bezüglich des Wortes *Boot* vom Tisch.

Wer das Wort *Boot* kennt, jedoch noch nie das Wort *Brot* geschrieben sehen konnte, wird wahrscheinlich

„Broot"

schreiben. Unsere Schriftsprache gibt nicht alle Dehnungslaute an. Trotzdem erkennen wir *Brot* sofort und sicher aus dem Erscheinungsbild. Fazit ist, daß wir einige Schreibungen ganz einfach *lernen* müssen. Nicht immer kann eine Regel helfen.

Das **Empfinden des Lesers hat Primat** vor den Wünschen des Schreibenden. Es ist das wesentliche Kriterium zur Beurteilung einer Rechtschreibung. In diesem Zusammenhang ist es zweifellos vorteilhaft, wenn **Wörter stets auf gleiche Weise geschrieben** werden, damit sie der Leser gleich wiedererkennt. Nach den neuen Regeln ist dies nicht mehr gegeben.

Nun bin ich kein Sprachwissenschaftler, kein Parlamentarier und auch kein Richter, sondern Ingenieur, und ich erhebe auch keinen Anspruch auf die wissenschaftliche Fundiertheit meiner Ausführungen. Dazu habe ich viel zu wenig recherchiert. Aber ich bin ein Deutschsprachiger mit einem gesunden Menschenverstand, der in der Schule gut aufgepaßt hat, der gern denkt, der Freude am Lesen hat, der selber viel schreibt und der sich am interessanten Stil guter Autoren erfreut. Somit halte ich mich für legitimiert, mich in diese Diskussion kräftig einzumischen, und dies ohne Rücksicht auf Titel, Fachgremien, politische oder richterliche Institutionen. Um zu zeigen, daß der Ausdruck

$$2 + 2 = 5$$

in unserem mathematischen Sinne falsch ist, muß man kein Naturwissenschaftler oder anerkannter Mathematiker sein. Das werden Sie in den folgenden Abschnitten schnell merken.

Schreiben und Lesen ist die Sache aller, und es ist schon grotesk, daß ausgerechnet jeder beherzte **Laie** das Werk von Schriftgelehrten so einfach auseinandernehmen kann. Wie nur ist es möglich, daß eine Kommission, die für unsere Schriftsprache verantwortlich gemacht werden soll, also ein Gremium, welches aus intelligenten und im Fach studierten Experten besteht, einen derart groben Unfug anrichten kann? Den Versuch einer Antwort will ich nicht schuldig bleiben und verweise auf den Abschnitt „Die Rechtschreibreform setzt sich nicht durch".

Dieser Aufsatz beschränkt sich im wesentlichen auf die Inhalte der Reform. Nicht äußern werde ich mich zu den ökonomischen und rechtlichen Belangen, und ich will mich auch nicht länger darüber wundern, daß die Reform offenbar eine Sache der einzelnen Bundesländer ist, sowohl bezüglich des Inhalts als auch des Beginns der Einführung, und nicht eine Sache der deutschsprachigen Nationalitäten in der ganzen Welt! Am Schluß meines Buches zeige ich dann, wie es weitergeht: Es gibt nämlich ein neues Nachschlagewerk, das die Rechtschreibreform in genialer Weise völlig überflüssig macht.

Um es vorwegzunehmen: Die sogenannte Rechtschreibreform hat unsere heute gültige Schreibung auf ein **niedrigeres Niveau** degradiert und mit der **Zerstörung der Einheit** der deutschen Schriftsprache ein unverantwortliches und beispielloses **Schreibchaos** angerichtet.

Wie es sein soll

Als grundlegende Quelle dient mir eine kommentierte Übersicht der Gesellschaft für deutsche Sprache [3] mit dem selbstbewußten und etwas vorgreifenden Titel „So schreibe ich richtig". Ziel sei es, so behaupten die Reformer, die Regeln einfacher und leichter durchschaubar zu machen. Schreibweisen sollten nach Möglichkeit ableitbar sein. Die Reformer sind, mit meinen Worten wiedergegeben, der Ansicht, daß unseren Schülern die schwierigen Regeln unserer Rechtschreibung nicht länger zumutbar seien, und daß es nicht sein könne, daß schlechte Noten im Fach Deutsch die spätere Karriere beeinträchtigten.

Schließlich würden die Noten von Diktaten immer schlechter, und dies müsse verhindert werden.

Nicht selten äußern sich einzelne Kultusminister, daß bereits jetzt zu Beginn der Reform eine deutliche Verbesserung der Noten in Schulen bei Diktaten erreicht worden sei. Ich bereue heute, mir die Quellen nicht notiert zu haben. Aber zu dieser Samthandschuh-Philosophie werde ich mich in späteren Kapiteln austoben.

Ich darf voraussetzen, daß der Leser meines Aufsatzes mit den Änderungen von Regeln und Schreibweisen weitgehend vertraut ist. Es sind sowieso immer wieder nur dieselben Wortspielchen, mit denen uns die Reform beschäftigt, und die Sache mit „*Tollpatsch*", "*Känguru*" und *ß* dürfte sich inzwischen herumgesprochen haben. Anderenfalls empfehle ich einen kleinen Nachhilfeunterricht, den man sich beispielsweise per Internet selbst geben kann. Und natürlich präsentieren unsere Buchläden inzwischen reichlich Material zur neuen Schreibung. Es reicht aber bereits ein kurzer Blick in den neuen Duden, um zu erschrecken. Alles, was rot ist, ist neu. Zweckmäßigerweise sollte der Leser ein solches Ding in greifbarer Nähe haben, denn ich beziehe mich häufig auf die sogenannte „Amtliche Regelung der deutschen Rechtschreibung" [4]. Außerdem habe ich mir erlaubt, „falsche" Wörter in Gänsefüßchen und außerdem *kursiv* zu setzen.

Das Stammprinzip

"... soll jetzt noch mehr beachtet werden." [3]

Die Schreibung von gleichen Wörtern mit dem gleichen Wortstamm solle möglichst einheitlich sein. Dabei solle weder Rücksicht auf die geschichtliche Herkunft noch auf die vermutete Sprachverwandtschaft zweier Wörter genommen werden. Ausschlaggebend sei, was man heute mit bestimmten Wörtern in Verbindung bringt:

Tolpatsch

soll jetzt mit *ll* geschrieben werden, weil man das Wörtchen *toll* im Hinterkopf habe. Ich kann mich allerdings nicht erinnern, dieses Tierchen jemals mit dem Adjektiv "toll" in Verbindung gebracht zu haben. Die heute Lernenden bekommen ja ein völlig falsches Bild von diesem Vogel! Aber er ist nicht "toll", sondern er hat einfach nur zwei breite Füße (ung.: *talpas*, breiter Fuß, *talp*, die Sohle) [5]. Somit machen wir dieses Tierchen zu einem tollen Patsch und könnten mit „*Tollpatsch*" einen ganz besonders fidelen Gesellen bezeichnen, oder?

Und dürfen/müssen wir dann nicht konsequenterweise auch

„*Tolleranz*" oder besser noch
„*Kackadu*"

schreiben, wo hier doch ein jeder *kacken* assoziiert?

Denn:

- Woher sollen wir denn nun eigentlich wissen, welche Wörter in Zukunft plötzlich irgendwelchen Stammprinzipien gehorchen sollen und welche nicht?

- Was ist nun einfacher: Sich die besonderen Schreibungen weniger komplizierter Wörter einzuprägen, oder nach einer fadenscheinigen Regel, die sowieso nicht funktioniert, die richtige Schreibung zu finden versuchen?

Den

Damhirsch und das
Chamäleon

beispielsweise haben die Reformerfinder vergessen zu reformieren. Ich denke da nämlich an *Damm* und an *Kamel* ... Ja, warum eigentlich nicht

„*Kammel*",

in Anlehnung an *Kamm*? Außerdem heißt es doch im Regelwerk [4] unter §2:

„Folgt im Wortstamm auf einen betonten kurzen Vokal nur ein einzelner Konsonant, so kennzeichnet man die Kürze des Vokals durch Verdopplung des Konsonantenbuchstaben".

Bezüglich des *Damhirsches* weiß aber jeder gute Jäger, daß dieses Wild *Damwild* ist und damit in eine von den acht „Fallgruppen" (nicht *Fallgruben*!) gehört, bei denen man den Buchstaben für den einzelnen Konsonanten <u>nicht</u> verdoppelt, <u>obwohl</u> dieser einem betonten kurzen Vokal folgt [4], §4, also dürfen wir <u>nicht</u> „*Dammhirsch*" schreiben. Aber was machen wir nun mit unserer Stammprinzipregel?

In eine von diesen acht Ausnahme-Fallgruppen gehört auch die

„*Walnuss*",

die man ebenfalls <u>nicht</u> „*Wallnuss*" schreiben darf. Dieses Früchtchen ist nämlich „ein Wort mit unklarem Wortaufbau oder mit Bestandteilen, die nicht selbständig vorkommen" [4], §4. Nun kenne ich aber sowohl den selbständig vorkommenden *Wal* als auch die mindestens genauso selbständig vorkommende *Nuß*. Dann muß es wohl am „unklaren Wortaufbau" liegen, doch was ist das? Und beißt sich diese „*Walnuss*"-Ausnahme nicht wiederum mit dem „*Tollpatsch*"? Ich finde, daß der *Tolpatsch* einen ganz besonders „unklaren Wortaufbau" hat! ☺

Und es geht noch weiter:

numerieren wird zu „*nummerieren*"
plazieren wird zu „*platzieren*"

Das sind nun gerade solche Nuancen, die die deutsche Sprache so außerordentlich interessant machen. Solche Ausnahme-Schreibungen, bei denen man sich aus Unkenntnis der exakten

18

Schreibweise in jedem Falle vergreifen muß, bergen für den Schreibenden eine Chance an **Neugier**. "Warum", fragt sich der vom Lehrer korrigierte Schreibende nämlich danach, "wird das so geschrieben?" Und der Lehrer wird sehr gern eine Erklärung liefern, die dem Schreibneuling für immer im Gedächtnis bleiben wird. Es gibt also für diese Schreibweisen durchaus einen Sinn oder eine Logik, wie eingangs gefordert.

Der Wortstamm von *numerieren* kommt nun mal nicht von *Nummer*, sondern von *numerus* (lat.: Zahl), aber das sollen die ach so gebeutelten Schüler in Zukunft nicht mehr lernen, denn es ist zu schwer.

- Warum sehen wir die ehrliche Übernahme von Fremdwörtern ins Deutsche als Belastung und nicht als eine Bereicherung?

- Empfanden Sie nicht als Kind auch einen gewissen Stolz, wenn Sie solche wenigen Ausnahmewörter korrekt schreiben konnten?

Warum eigentlich nicht „*spatzieren*"? Und was soll dieser Unfug mit dem

„*Tunfisch*"?

Was halten wir von einem Biologielehrer, der uns weismacht, die Silberfischchen gehörten zur Familie der Fische, das sähe man ja deutlich aus deren Namen [2]? Mit demselben „Recht" dürfte ich

„*Leich*" statt *Laich*

schreiben. Der *Thunfisch* hat genauso wenig mit *tun* zu tun, wie der *Laich* mit der Leiche.

- Wollen wir denn den Schüler in Zukunft regelrecht belügen?

- Ist für einen lernwilligen und neugierigen Schüler dieser sprachliche Unsinn gerade mal gut genug?

- Wie sollen die Lehrer mit diesem absurden Zwiespalt umgehen?

Was ist eigentlich mit dem Ochsen, der auf der Wiese läuft? *„Wiesent"*? Unabhängig von irgendwelchen Assoziationen oder vom langgezogenen Vokal *i* schreiben wir *Wisent*, weil dieser Vierbeiner (4-beiner? 4-Beiner? Vier-Beiner?) zu den „wenigen einheimischen Wörtern und eingebürgerten Entlehnungen" gehört, meint der neue Duden [4]. Klar, das versteht jeder Schreibmuffel.

Das Wort

greulich

soll in Zukunft grundsätzlich mit *äu* geschrieben werden. Leider deckt sich diese Schreibweise dann mit dem Adjektiv *gräulich*:

Die Farbe ist *gräulich.*

Was nun: Ist die Farbe nur etwas grau oder überkommt mich ein Grauen beim Betrachten? Wieso schreiben wir dann weiterhin *Greuel* statt *„Gräuel"*? Und darf ich in Anwendung der Stammprinzipregel, die ja alles vereinfachen soll, in Zukunft

„einsätzen" (abgeleitet von *Einsatz*)

schreiben?

Das letzte Zugeständnis

... an die Reform gebe ich bestenfalls den neuen und zunächst logisch anmutenden Schreibweisen wie beispielsweise

Rohheit oder
Zähheit,

nicht jedoch dem

„Zierrat",

denn *Zierat* ist abgeleitet von *Zier* (ähnlich *Heim* und *Heimat*). Mit demselben „Recht" dürfte ich dann ja auch

„Armmut"

schreiben, oder? Und beim Wort

„selbstständig"

hört der Spaß ganz auf: Niemand hat das Recht, das Wort *selbständig* zu beseitigen. *„Selbstständig"* ist lediglich eine in wenigen Nachschlagewerken angegebene alte Nebenform von *selbständig* und somit ein anderes Wort. Da wir den Wortstamm *selb* erkennen, schreiben wir nach bisheriger Regelung richtigerweise *selbständig*.

„In Zukunft bleiben noch mehr die Buchstaben der einzelnen Wortbestandteile erhalten". [3] So lautet die neue Regel. Gut, aber:

Warum *„rau"* statt *rauh*, jedoch weiterhin *roh*? Wäre die logische Konsequenz dann nicht auch *„Ku"*, *„Re"*, *„Stro"* oder *„Schu"*? Nein, welch *Rau*bein, der so weit ginge!

Fremdwörter

... wären - in Grenzen gehalten - für unsere deutsche Sprache so belebend, wenn wir sie nicht verstümmeln dürften. Genau dies dürfen wir aber nach Inkrafttreten der neuen Schreibung, ohne ein schlechtes Gewissen haben zu müssen:

„Fremdwörter, die zusammengesetzt ein Substantiv ergeben, werden zusammengeschrieben. Wenn das Wort allerdings unübersichtlich erscheint, <u>kann</u> ein Bindestrich gesetzt werden". [3]

- Wer entscheidet darüber, ob das geschriebene Wort dem späteren Leser als "unübersichtlich erscheint"?

Der Schüler oder der Lehrer? Oder gar das Bundesverfassungsgericht? Und warum soll

Comeback

in Zukunft auch „*Come-back*" (kleines back!) geschrieben werden dürfen? Und wer sagt mir eigentlich, daß ich dieses Wörtchen als Nichtkenner der englischen Aussprache nicht auch

„Kamm-beck"

schreiben darf? Natürlich "-beck" und nicht "-bäck", denn es kommt wohl nicht von *Bäcker*!

Wie wir sehen, besteht das Problem bei den Fremdwörtern nicht in der richtigen Setzung irgendwelcher Bindestriche oder der Einführung alternativer Zusammenschreibungen, sondern in der Suche nach der generellen Schreibweise, wenn der Schreibende die Herkunftssprache nicht beherrscht. Hier muß ich sowieso nachschlagen oder fragen.

Glücklicherweise hat sich die von den Reformern vorgeschlagene Version für *Restaurant* in Form von

„*Restorant*"

nicht durchgesetzt. Wer kommt eigentlich auf eine solch abwegige Idee? Wenn, dann sollte der Vorschlag doch wenigstens

„*Resterang*"

lauten, denn so in etwa wird es ja ausgesprochen. Ja, und warum soll in Zukunft *Chicorée* als

„*Schikoree*",

jedoch *Negligé* nicht als „*Neglischee*" geschrieben werden? Welchen Reiz hätte für mich ein ebenso denkbares „*Rangdewu*"? Und wer verrät mir als Sprachneuling, wie ich

Dekolleté

schreiben muß, wenn ich es als „*Dekoltee*" vorgesagt bekomme? Verstehen die Reformerfinder unter solchem Quatsch etwa eine Vereinfachung der Schreibweise? Oh, ist das alles undurchdacht, halbherzig, traurig und inkonsequent!

Ich will mit diesen einfachen Beispielen nur zeigen, daß es nicht damit getan ist, die Schreibweise von vielleicht 180 Fremdwörtern zu verändern, um das Schreiben zu vereinfachen. Es gibt sicher tausend solche schwierigen Wörter!

- Wer sagt mir, welche der unzähligen Fremdwörter ich in Zukunft plötzlich falsch schreiben darf oder muß?

23

- Welchen einfachen „Regeln" genügen denn nun diese Wörter?

Darf ich z. B. das nirgendwo "reformierte" Wörtchen

Skizze

in Zukunft ohne nachzuschlagen einfach „*Skitze*" schreiben? Oder „*spatzieren*"? Oder

„*Artickel*" so wie *Karnickel*?

Nun, das Wort *Skizze* gehört zu einer Ausnahme nach §3 des neuen Regelwerkes [4], so etwas weiß man doch!

Warum schreiben wir in Zukunft „*Tipp*", aber weiterhin *Top*? Ganz einfach, sagt mein neues Nachschlagewerk: Weil nämlich *Top* zu einer „Reihe einsilbiger Wörter" gehört, und die wiederum sind in einer der bereits weiter oben zitierten acht Ausnahme-Fallgruppen enthalten. Außerdem ist *Top* englisch. Für *Tip* trifft das offenbar alles nicht zu ☺, darum müssen wir nach §2 der Neureglung in Zukunft „*Tipp*" schreiben. Das ist tipp-top in Ordnung! Nur: Weltweit schreibt man *Tip* und auch *Stop*, und niemand nimmt daran Anstoß! Warum also wollen wir in Zukunft den *Tip* (Rat) mit dem *Tipp*fehler auf eine Stufe stellen?

- Wie unterscheiden wir zukünftig den *Tipfehler* von einem *Tippfehler*?

Und wenn wir in Zukunft „*Tipp*" schreiben sollen, warum sollen wir dann nicht auch „*Buss*" schreiben? Oder „*fitt*"? „*Hitt*"? Schließlich schreiben wir ja auch „*Bass*" (Baß).

Ich halte alle mir bekannten Änderungsvorschläge zur Schreibung fremdländischer Wörter für völlig nutzlos, da diese weder transparent und logisch sind und **keine Vereinfachung**

der Schreibung darstellen. Hier muß man einfach mal richtig **auswendig lernen!**

Und während wir uns hier mit solchen traurigen Kuriositäten befassen, wuchern in der Zwischenzeit - und das völlig frei und ohne parlamentarische oder richterliche Grundlage - die Konjugationen und Partizipien von Anglizismen ins Abartige, ohne daß wir's überhaupt noch wahrnehmen:

- Wir haben das abgecheckt. (getscheckt? gechecked?)

- Das Vorhaben wurde gecancelt. (gekänzelt? gekanzelt? gecancled?)

- Der Stoff ist gerecycled worden. (gerecycelt? gereseikelt?)

- Das Auto ist gut durchgestyled. (gesteilt? gestylt?)

- Ich habe die Software downgeloaded. (daungelodet?)

- Das Programm wurde upgedatet. (siehe unten!)

- Wie wird das gehändelt? (gehendelt?)

- Das war gut getimed. (geteimt?)

- Er hat sich als Experte für Rechtschreibung geouted. (geautet? geoutet?)

- Beim Faden braucht man viel Gefühl. ☺ (Feyden? Feden?); *to fade* (engl.) ist das Ein- und Ausblenden von Musik oder Bildern.

- Die Dienstleistung wird outgesourced. (autgesorst?)

„Upgedatet"! Die deutsche Vorsilbe *ge* wird eingeschlossen in die englischen Wörter *up* und *date*, gefolgt von der auf ein Partizip hindeutenden deutschen Endung *-t*. Einfach genial!

Diese abartige Liste ließe sich vielfach fortsetzen. Mal abgesehen davon, daß man bei diesen Beispielen der englischen Sprache schon gut kundig sein muß, sind der Phantasie hier offenbar keinerlei Grenzen gesetzt. Wer grundsätzlich nicht weiß, wie *check* geschrieben und konjugiert wird, muß in jedem Falle irgendwo Rat suchen, ob wir nun *gechecked*, *getscheckt* oder sonst was anderes erlauben. Hier wird in übelster Weise eingedeutscht, und keiner kann sagen, was richtig und was falsch ist. Oder hilft hier die Komfortauskunft der Telekom? Irgendeine Schreibweise wird sich irgendwann evolutionär durchsetzen, und dann könnte man diese verankern.

Beim Anblick dieses Wildwuchses sträubt sich bei mir alles. (Übrigens *sträuben*: Kommt das von *Straub*? Was ist ein *Straub*?)

Warum benutzen wir immer weniger den Wortschatz unserer eigenen Sprache? Versuchen wir das doch einfach mal:

- Wir haben das geprüft.
- Das Vorhaben wurde abgebrochen.
- Der Stoff ist wiederverwendet worden.
- Das Auto sieht gut aus.
- Ich habe die Software heruntergeladen.
- Das Programm wurde auf den neuesten Stand gebracht.
- Wie wird das gehandhabt?
- Das war zeitlich gut geplant.
- Er hat sich als Experte für Rechtschreibung ausgezeichnet.
- Beim Ein- und Ausblenden braucht man viel Gefühl.
- Die Dienstleistung wird ausgelagert.

Im Duden [4] finden wir das Wort

„Buy-out“.

Was bedeutet das Wort? Schauen wir uns mal die Erläuterung an. Wir finden: „... kurz für Management Buyout“. Nun wissen wir also um dessen Bedeutung, alles klar! Übrigens ist das Wort sächlich: <u>Das</u> *„Buy-out“.* Also ist wohl auch das *Out* sächlich. Oder? *Put* dagegen dürfte männlich sein: <u>Der</u> *Output.* Aber nur, wenn man es als <u>der</u> *Ausgang* erkennt und interpretiert. Stellt sich nun die Frage: Schreiben wir ab jetzt *Out-Put* mit Bindestrich? Schauen wir in den Duden. Aber wonach suchen wir als Unkundiger des Englischen? Unter *Aut?* Nein, sagt ein uns Aufklärender, und wir finden mit dessen Hilfe irgendwann tatsächlich das Wort *Output.* Aber: Es wird zusammengeschriebenen und ist sowohl männlich als auch sächlich! Aber warum...? ☺

Unsere Nachschlagewerke werden immer dicker. Sie füllen sich mit Wörtern, die wir eigentlich eher im Fremdwörterbuch nachschlagen sollten. *Output* ist im Duden nicht erklärt. Heute weiß offenbar jeder Deutsche, was das ist.

Die *Peepshow* schreibt man auch zusammen. Die aber ist glücklicherweise erklärt! Vielleicht wird sich irgendwann *Piep-Show* etablieren.

Manchmal wird es aber tatsächlich ein wenig schwierig: Das Wort *Payingguest* (ohhh, nirgendwo ein Bindestrich!) läßt sich offenbar nur mit der langen Erklärung „jmd., der bei einer Familie als Gast wohnt, aber für Unterkunft u. Verpflegung bezahlt“ (Duden) ausdrücken. ☺ Hoffentlich weiß jeder, wie man das ausspricht. Stellt sich die generelle Frage: Wie haben wir eigentlich früher, als es Sie und mich noch nicht gab, als noch keine Anglizismen Mode waren, miteinander kommuniziert?

Mit der Zeit wird es sich herumsprechen, was sich hinter der Aufschrift „McClean" verbirgt: Wir finden dort das Bahnhofsklo und eine noble Waschgelegenheit. Natürlich braucht jeder wichtige Bahnhof einen *Service Point* (Zugauskunft), *Ticket Counters* (Fahrkartenschalter) und *db-Lounges* (Wartesäle) [6]. *db* ist deutsch: Deutsche Bahn. In [6] kann man auch nachlesen, was ein *stand-by upgrade-Voucher* ist: Mit diesem Ding, welches man auf Flughäfen findet, kann das Ticket beim Check-In aufgewertet werden. Gut. Aber was ist ein *Twin Charger*? Selbst wenn man irgendwann entdeckt, daß dies ein ganz normales Batterieladegerät für zwei unterschiedliche Batterietypen ist, stellt sich die Frage: Wie muß man das aussprechen? Aber kehren wir zu unserem Thema Rechtschreibung zurück.

Der Buchstabe "ß" und andere Doppelkonsonanten

...wird zum *ss*, wenn der Vokal davor kurz gesprochen wird, oder etwas genauer formuliert, es soll *ss* geschrieben werden, wenn einem kurzen Vokal innerhalb eines Wortstammes ein einsames *s* folgt, also z. B.:

„*dass*, *Fass*, viele *Massen*, ..."

aber:

über alle *Maßen*, ich *saß*, ...

Das klingt zunächst einleuchtend und logisch. Damit könnte ich in größter Not leben, und das ist wohl auch einer der wenigen Punkte der Reform, die ich vom Grundsatz her akzeptieren könnte, wenn ich dringend müßte. Nur: Erstens funktioniert diese Regel nicht, und zweitens wird das Schreiben dadurch nicht einfacher.

Schreiben wir nach obiger Regel in Zukunft

„Er mist die Temperatur",

weil dem *i* <u>zwei</u> Konsonanten folgen? Im Umkehrschluß dürfte ich dann auch *„Missthaufen"* schreiben, oder? Immerhin führt das Regelwerk das Wort *„bisschen"* als Beispiel für diese Regel an. Ist *c* kein Konsonant? Doch, schon, nur muß man die Regel natürlich genauer lesen, und dabei wird man feststellen, daß sich diese nur auf den Wortstamm bezieht. Und der Wortstamm von *Mist* ist nun mal *Mist*. Demzufolge schreibt man den *Misthaufen* eben doch nur mit <u>einem</u> *s*. Nur: Der Wortstamm von *„bisschen"* ist offenbar *bis*. Alles klar? Und außerdem gibt es ja noch das Wörtchen *„misst"* (von *messen),* darf ich nun also <u>doch</u> *„Missthaufen"* schreiben?

Und woher soll ich denn als Schreibschwacher wissen, daß im *Misthaufen* gar kein *ß* drin ist bzw. war? Der Schreibschwache muß so wie bisher krampfhaft darüber nachdenken, ob er *Last* oder *Lasst* schreiben muß, denn es gibt <u>beide</u> Wörter! Wie wir sehen, versagt diese **künstliche Regel** bereits in einfachsten Fällen.

Es dürfte ungezählte Wörter geben, in denen einem kurzen Vokal ein einfaches "s" folgt. Schließlich werden wir ja irgendwann einmal nicht mehr wissen, wo vorher ein "ß" stand. Hier das wohl berühmteste Beispiel:

das bzw. „*dass*" (!)

Noch Fragen? Im übrigen ist mit dem Ersatz des "ß" durch "ss" noch lange nicht das so berühmte Problem der Konjunktion aus der Welt:

„Ich habe gehört, *daß* es regnet."

Die Rechtschreibschwachen kommen hier bekanntlich ins Grübeln und schreiben nicht selten das *daß* fälschlicherweise mit einfachem *s*. Diese Rechtschreibbanausen würden aber ihr Problem nach der Reform immer noch haben und nun statt *ss* höchstwahrscheinlich *s* schreiben! Was hätten wir also an dieser Stelle gewonnen? Ein *ß* konnte man sich als Kind viel leichter einprägen. „Beweis" gefällig? In der nebenstehenden Abbildung preist ein führender deutscher Elektronikversand, der bereits recht früh und mit stolzer Ankündigung auf Neuschrieb umgestellt hatte, einen CD-Player an. Drei Fehler, Note fünf (da**s**; jede**m**; ... einfach**,** und ...)!

- Die Entscheidung, ob wir eine Konjunktion oder einen bestimmten Artikel kenntlich machen müssen, nimmt uns keiner ab, schon gar nicht der Austausch von Buchstaben.

Woher soll ein Schreibschwacher, unabhängig davon, ob wir das *ß* zulassen oder nicht, wissen, ob er *Kenntnis* oder *„Kenntniss"* schreiben muß? *„Kompromis"* oder *„Kompromiss"*? Er muß nachschlagen, und wenn er dies tut, wird er in [4], §5, zumindest für das Wort *Ergebnis* fündig und lernt eine von vier weiteren Ausnahmefallgruppen kennen.

- Wo zu viele Ausnahmen und „Fallgruppen" gelten, machen Regeln keinen Sinn. Und wo auf natürliche Weise keine sinnvollen Regeln existieren, brauchen wir auch keine zu erfinden. Da muß man **lernen**.

Angenommen, ein schreibschwacher Schreiberling merkt sich mühevoll die Regel §2. Woher soll er wissen, daß er Ausnahmen zu beachten hat? <u>Nichts</u> wird einfacher!

- Die Kenntnis einer Regel verpflichtet nicht zur Suche nach Ausnahmen.

Einige Reformer halten den Buchstaben *ß* generell für überflüssig und berufen sich nicht selten darauf, daß die Schweizer Eidgenossen diesen Laut seit geraumer Zeit nicht mehr benutzen. Aber die Schweizer haben sich mit dieser Maßnahme keinen vorteilhaften Dienst erwiesen. Immerhin ist das Schweizerische dem Deutschen sehr nahe, und die Rechtschreibprobleme dürften ähnlich sein. Häufig muß zum korrekten Verständnis der Kontext bemüht werden. Aber warum nur, um alles in der Schrift, will man diesen Umweg über den Satzzusammenhang, wenn es mit einem eigens geschaffenen Buchstaben viel einfacher geht? Und selbst der Kontext hilft uns nicht immer aus der Patsche, wie das Beispiel zeigt:

1. Die Kamine der Russen russen ... (wie sprechen wir das?)
2. Ich habe mich gestossen ☺
3. Bier muss in Massen genossen werden ... (oder in Maßen?)

Ähnlich arg geht das nachfolgende Beispiel in die Hose. Wie unterscheiden die Schweizer eigentlich zwischen den völlig unterschiedlichen Bedeutungen von Muse und Muße? - Es lassen sich sehr viele solcher Beispiele finden [5].

Der konsequente Wegfall des *ß* würde nichts vereinfachen. Für den Rechtschreibmuffel bliebe dann ja immer noch die komplizierte Frage: *s* oder *ss*? Außerdem ist dieses Zeichen äußerst nützlich. Wie sonst könnte man auf so einfache Art und Weise stimmhaftes und stimmloses *s* kenntlich machen?

Ich bin weise. (stimmhaft)
Ich trinke eine Berliner Weiße. (stimmlos)

Aber wem ist diese Feinheit heute noch wichtig!

Zum Abschluß dieses Abschnittes darf ich zwei Fundstellen aus dem (leider weitgehend anonymen) Internet zitieren.

Dierk Unterbrink aus Tübingen [7] verteidigt das *ß* mit einem so wichtigen Hinweis auf die Ästhetik der deutschen Sprache:

"Und dann gibt es das *ß*, das mit seiner wohlgerundeten Form im Text regelmäßig Akzente setzt. Soll denn das, was die deutsche Sprache schön und lesenswert macht, verschwinden? Soll nun ein vulgäres Doppel-*s* an die Stelle des kunstvoll geschwungenen *ß* treten? Sollen Texte und Bücher nun beim Lesen Assoziationen an Analphabetentum und Babytalk wekken...?"

Alex Ungermann aus Erlangen [7] diskutiert wie folgt:

"Das *ß* ist eine **Ligatur** (Verschmelzung zweier Buchstaben) und hat nichts mit Vokallängen zu tun. Man hat immer schon *ss* schreiben können, wenn man die Ligatur nicht auf der Schreibmaschine hatte oder in der Schweiz lebte. Ligaturen sind **optische Hilfen, die das Lesen erleichtern.** Ein *Schluß-strich* ist nun mal optisch leichter in seine Bestandteile zu zerlegen als ein „*Schlussstrich*". Warum werde ich nun gezwungen, auf das *ß* zu verzichten, obwohl es typographisch richtig wäre - nur weil es phonetisch mißbraucht wird (z. B. bei *dass*)?"

Lesen Sie doch mal das Wort „*Misstrauen*": „*Mis-Strauen*"? Oder:

„*Messingenieur*": „*Messing-Ingenieur*"?

Roland Morlock aus Stuttgart zählt das *ß* zu den modernsten Entwicklungen unserer Sprachgeschichte. Weiter führt er aus:

„Das *ß* im Auslaut von Worten und Silben ist eine der wichtigsten **Lesehilfen** überhaupt und ein starkes Signal dafür, ob das Schärfungs-s noch **zur vorigen Silbe gehört oder nicht.** Es ist aus diesem Standpunkt gesehen geradezu wie ein **Bindebogen in der Musik.** Warum dieses deutliche Signal aufgeben, wenn die Alternative schlechter ist ...?" [7]

Beispiel:

„*Schlossinnenhof*"

Was sind „*Schlossinnen*"? Vielleicht sind das die Schloßdamen. Geben mir die Reformer wenigstens hierin recht, daß sich

Schloßinnenhof

besser liest? Wohl eher nicht, denn jetzt spielen sie bestimmt ihren besten Trumpf aus, den Bindestrich:

„Schloss-Innenhof".

Schön, aber dann kontere ich mit

Schlossinnen-Hof! ☺

Das neue Regelwerk macht den Bindestrich zu einem der wichtigsten Satzzeichen: Jedes Wort, in welchem drei gleiche Konsonanten aufeinanderfolgen, kann der besseren Lesbarkeit halber mit einem Bindestrich geschrieben werden, so sagt's die neue Regelung, selbst so kurze Wörter wie z. B.

„Schloss-Spuk"
„Schloss-Stube"

Bevor wir dieses traurige Kapitel verlassen, will ich noch einen Aspekt einbringen, der in der Diskussion um das *ß* bisher wenig Beachtung fand. Das *ß* ist im allgemeinen, insbesondere aber im Bereich der modernen Textverarbeitung (Computertechnik) ein **Schutz gegen sinnentstellende Trennungen**. Hier ein Beispiel:

„Mes - sergebnis"

Ich hab's ausprobiert, mein Textverarbeitungsprogramm trennt tatsächlich so. So etwas liest sich doch nicht! Wenn man am Zeilenende ein *Mes-* sieht, meint man, die Silbe könnte sich zum *Messer* entwickeln, ähnlich dem Wort

Mes - serleiste.

Würden wir dagegen weiterhin das *ß* erlauben, könnten sowohl der Mensch als auch der Computer wirklich nur

Meß - ergebnis

trennen, und alles wäre viel einfacher.

Frage: Was ist ein *Essecke*?

Nach einem ß ist eine Silbe meistens zu Ende, aber nach einem *ss* geht die Silbe meistens noch weiter. Dank dieser Erfahrung können wir das Wort

Eßecke

wunderbar lesen, das Wort „*Essecke*" dagegen nicht. Oder lesen Sie mal das Wort „*Gussasphalt*"! Die Erfindung des *ß* war genial! Das wußte sogar schon der Herr Geheimrat Goethe. Übrigens schreibt sich das *ß* viel einfacher und flüssiger als ein *ss,* und in Schreibschrift beherbergt es ja auch zwei *s*-Laute in sich. Legen Sie es einfach mal quer!

Die Interpunktion

Die alte Regel sagt frei formuliert:

Zwei Hauptsätze werden immer durch ein Komma getrennt, wenn zwischen beiden auch ein Punkt stehen könnte.

Die neue, ersetzende Regel sagt:

"Nach der neuen Regelung wird prinzipiell kein Komma mehr gesetzt, wenn zwei Hauptsätze durch und, oder beziehungsweise/bzw., sowie (=und), wie (auch) oder weder ... noch miteinander verbunden sind, weil diese Konjunktionen das Komma ersetzen (wie in Aufzählungen). Zur besseren Gliederung kann man jedoch ein Komma zwischen die Sätze setzen - besonders wenn sonst die Verständlichkeit leidet." [3]

Der Leser möge selbst prüfen, welche Regel ihm einfacher erscheint. Aber unabhängig davon, ob es nun einfacher ist, einen Hauptsatz zu erkennen **oder diese komplizierte Bedingungs- und Ausnahmeregel** zu pauken, werde ich an wenigen Beispielen zeigen, wie unüberlegt deren Erfinder hier gewerkelt haben und wie wenig "eine Konjunktion ein Komma ersetzen" kann.

Es gehören schon ausgesprochen viel Mut, Unverfrorenheit oder eine absolute Nullbildung dazu, die Aneinanderfolge von Hauptsätzen einer **Aufzählung** gleichzusetzen!

Tja, und dann wieder diese Selbstaufhebung der Regel für den Fall, daß eventuell und vielleicht aber nun doch leider die Verständlichkeit leiden könnte:

"Bei gleichrangigen Sätzen, die durch und, oder, usw. verbunden sind, **kann** man ein Komma setzen, um die Gliederung des Ganzsatzes deutlich zu machen." [3]

Was soll dieser Unfug?! "Wenn ein lehrbares Kriterium fehlt, herrscht Beliebigkeit" [2]. Es wird die Sprachkompetenz des Schreibenden vorausgesetzt. So einfach geht das!

Lesen wir mal ganz unbedarft die folgenden Sätze:

„Diese Entscheidung nimmt uns keiner ab und zu den anderen Punkten sollten wir auch noch was sagen."

„Er schimpfte auf die Regierung und sein Publikum, das ganz seiner Meinung war, klatschte begeistert." [8]

„Sie schlachteten eine Gans und den kleinen Sohn des Nachbarn luden sie zum Essen ein." [9]

Meinen Sie nicht, daß der Leser "ab und zu" doch gerne mal ein Komma sehen möchte? Wir schreiben doch für die, die lesen!

Das **Komma ist eine so überaus geniale Erfindung**, warum soll es nun gerade bei größter Notwendigkeit nicht mehr gesetzt werden müssen? Es ist doch so einfach, mit diesem kleinen Krakel Irritationen oder Lesehemmungen von vornherein auszuschließen! Hier gleich noch so ein Beispiel, welches in [3] sogar ausdrücklich als Erläuterung dieser neuen Kommaregel angeführt wird und sich so wunderherrlich in den eigenen Hintern beißt:

„Wir warten auf Euch und die Kinder gehen schon voraus."

Merkt denn hier keiner der Reformspezialisten, daß der Leser mit diesem Satz ein Problem haben kann? Wenn hinter *Euch* kein Komma steht, erwartet der Leser im voraus hinter *Kinder* einen Punkt und liest den Satz bindend, statt nach *Euch* eine Pause zu machen. Vor *gehen* wird er dann ein wenig stutzen und plötzlich die wahre Aussage des Satzes erkennen. Oder:

„Die Salbe pflegt die Haut und die Haare werden dann nicht mehr so fettig."

Hinter *Haare* könnte locker ein Punkt stehen. Dieser Satz liest sich so nicht.

Nun sollen aber nicht nur beieinanderstehende Hauptsätze vom lästigen Komma befreit werden, sondern es trifft auch den sogenannten **erweiterten Infinitiv** mit *zu*. Und wen die nachfolgenden drei Beispiele dann noch immer nicht aus seinem Dummenschlaf wachrütteln, dem kann ich auch nicht mehr helfen:

„Der Vater empfahl dem Lehrer nicht zu widersprechen."

„Er jagte tagelang um das Haus mit Hirschgeweihen schmük-
ken zu können." [8]

„Der Fremde begann den Hut auf dem Kopf hastig zu essen."
[8]

Wir sehen, daß das neue Regelwerk den Ansprüchen einer
hohen Sprachkultur in keiner Weise gerecht wird. Im Gegenteil: Die „Deformer" setzen hier ausgerechnet **zwei der überhaupt wichtigsten Kommaregeln außer Kraft**! Ich bin nicht
bereit, Schwachsinn zu lernen, und ich bin schon gar nicht
bereit, Schwachsinn zu lehren! Ich will an dieser Stelle noch
einmal aus [2] zitieren, denn ich kann die nachfolgende Es-
senz nicht besser darstellen:

"Der Haupteffekt scheint also zu sein, daß in der Schule gewisse Arten von Kommafehlern keine mehr sein sollen. Das
hätte man billiger haben können." ... "Wenn nun ... die Kommas aus unerfindlichen Gründen einmal stehen, ein andermal
fehlen, kann sich beim Lernenden keine Sicherheit einstellen.
Es ist auch nicht zu erwarten, daß diese Unsicherheit als 'Ge-
winn an Freiheit' erfahren wird." ... "Bei der Kommasetzung
ist noch besonders zu beklagen, daß die **Zahl der darauf be-
züglichen Regeln sich nur scheinbar verringert** hat, da sich
unter den wenigen Paragraphen in Wirklichkeit eine Unmenge
als 'Erläuterung' **getarnte Sonderregeln** verbergen".

Schauen wir uns noch einmal den ansich korrekten Satz

„Der Vater empfahl dem Lehrer nicht zu widersprechen."

an. Hier sind drei Aussagen verborgen. Eine der Aussagen ist
sogar ohne Komma, also wie oben geschrieben, grammatikalisch korrekt! Um dies zu zeigen, benötigen wir allerdings
eine ausführliche Passivkonstruktion:

Dem Lehrer wurde <u>nicht</u> empfohlen, einen Widerspruch zu äußern, d. h. es gab keine Empfehlung. Die anderen beiden Aussagen lassen sich nur durch eine geeignete Kommasetzung erkennen:

- „Der Vater empfahl, dem Lehrer nicht zu widersprechen."
- „Der Vater empfahl dem Lehrer, nicht zu widersprechen."

Oder bitten Sie uns doch mal in das Nebenzimmer:

„Ich bitte Euch mal in das Nebenzimmer ... zu schauen."

Ich stelle mir gerade vor, wie mir ein kleiner dudengestärkter Naseweis entgegnet: „Ich schreibe das ohne Komma, das steht so im Duden, weil das kann man so machen. Außerdem verstehe ich den Satz gut. Wenn Sie den Satz nicht verstehen, ist das Ihr Problem". Quo vadis, meine Welt?

Haben Sie schon mal beobachtet, wie sich neuerdings die **Nachrichtensprecher** ab und zu verzetteln? Diese Leser gehören zu denen, die ihre Texte fließend vorlesen müssen und keine Zeit haben, nach dem Sinn zu suchen, um anschließend die Aussprache, die Betonung oder die Pausen zu korrigieren. Hier ein typisches Beispiel, welches ich am 12.8.1997 den 19.00-Uhr-Nachrichten des Deutschlandfunks entnommen habe:

„Heute nacht erreichen die Temperaturen in den Niederungen Werte um 18 Grad und in den Berglagen (Stutzer!) gehen die Werte auf 12 Grad zurück."

Ich behaupte, daß die Sprecherin nach "Grad" kein Komma vorgefunden und aus diesem Grunde gleichbleibend weitergelesen hat. Sie vermutete wahrscheinlich, daß der Satz wie folgt weitergehen würde: "...und in den Berglagen um 12 Grad." Nur stand plötzlich das "gehen" im Wege, welches erst jetzt den zweiten Satzteil als Hauptsatz zu erkennen gibt, und

getrennte Hauptsätze bedingen nun mal eine andere Sprechweise.

Manche Nachrichtensprecher versuchen sogar, **reformiert zu sprechen**: „... selbst - ständig ..."!

- Warum wollen wir uns in Zukunft das Lesen und das Vorlesen so schwer machen?

- Warum wollen wir uns den ästhetischen Redefluß nehmen?

Wir erlernen als Kind unsere Rechtschreibung und unsere Grammatik, unsere Muttersprache, nicht ausschließlich durch das Auswendiglernen von Regeln, sondern vielmehr durch häufiges Lesen. Um korrekt zu schreiben, muß man doch keine 52 Kommaregeln und andere schwierige Gesetze pauken!

Die Auseinanderschreibung

„Verbindungen aus zwei Verben werden immer getrennt geschrieben." [3] Wenn es also morgen die zusammengesetzten Verben nicht mehr geben soll, schreiben wir statt *kennenlernen* nun „*kennen lernen*" und stutzen beim Lesen nach dem Wörtchen *kennen*:

Er sagte, wir würden uns „*kennen lernen*".

Hinter *kennen* könnte locker ein Punkt stehen, man stutzt beim Lesen.

Nach [4], §34 (3) werden Adjektiv und Verb getrenntgeschrieben, wenn sich das Adjektiv erweitern oder steigern läßt, „wenigstens durch *sehr* oder *ganz*". Ein Beispiel gefällig?

Version 1: „Wir müssen uns *kurz fassen.*"
Version 2: „Wir müssen uns *kurzfassen.*"

Letztere Schreibweise soll es morgen nicht mehr geben. Beide Sätze haben aber unterschiedliche Bedeutung. Die Version 1 kann man deuten mit "Wir müssen kurz mal unsere Gedanken sammeln", die Version 2 mit dem "sich beeilen müssen". Beide Versionen werden auch **völlig anders gesprochen**: In Version 1 liegt die Betonung auf *fassen*, und in Version 2 auf *kurz*. Warum also diese Neuerung? Oder noch ein Beispiel? Bitte:

„Er ist *schwer beschädigt.*"

Wer nun: Der Wagen oder der Mann? "Zeigen Sie mir bitte mal Ihren schwer beschädigten Ausweis!" ☺ Oh, es ist doch so einfach, dieses ganze Unregelwerk zu entzaubern! Hier gleich noch ein paar Konstrukte:

Version 1: „Er hat das Essen sehr *mies gemacht.*"
Version 2: „Er hat das Essen sehr *miesgemacht.*"

oder:

Version 1: „Es wird nicht *leicht fallen.*"
Version 2: „Es wird nicht *leichtfallen.*"

oder:

Version 1: „Das *frisch gebackene* Ehepaar ..."
Version 2: „Das *frischgebackene* Ehepaar ..."

Mahlzeit!

Die neue Regelung läßt nun die jeweilige Variante 2 nicht mehr zu, was zu völlig unnötigen Zweideutigkeiten führt.

Gleichzeitig werden die Wörter *miesmachen*, *leichtfallen* und *frischgebacken* regelrecht **vernichtet**. Es gibt zahllose andere Beispiele dieser Art. Allein **über 100 Wörter**, die mit dem Buchstaben *A* beginnen, existieren im neuen Duden nicht mehr. Die hier geforderte Getrenntschreibung ist ein "... **unerhörter Angriff auf Sinn und Verstand** des Lesers, ..." [2]. Das folgende nette Beispiel fand ich in [10]:

„Der Kanzler machte den Rentnern *viel versprechende* Zusagen." ☺

Die Erfinder dieser Schreibung mögen entgegnen, daß man hier *viele* statt *viel* zu schreiben hätte, wenn *viel* als ein Mengenbegriff stehen soll. Trotzdem ist es irritierend, und es ist nicht eindeutig, was wirklich gemeint ist, wenn man weiß, daß der Schreiber dieses Satzes nach den neuen Regeln schreibt. Aber wer weiß das schon (siehe weiter unten: „Über Redundanzen, Zuverlässigkeit und Steno")!

Ich schaute also, ob ich ein richtiges Beispiel finden könnte, ein so richtig aus dem Leben gegriffenes. Und ich fand. Die Süddeutsche Zeitung druckte am 01. Oktober 1999 den inzwischen berühmt gewordenen Satz: „Der Nobelpreis für Günter Grass war wohl verdient." ☺

- Das einzig wahre Kriterium für die Auseinanderschreibung darf nicht die Möglichkeit des Erweiterns oder Steigerns sein, sondern ausschließlich der sachliche Inhalt, der **Sachverhalt** selbst!

- Woher soll der Leser wissen, ob der Schreiber nach den neuen oder nach den alten Regeln schreibt?

„Ich werde das Buch *gut schreiben* und den Betrag umbuchen."

„Wir wollen *fest stellen*, was los ist."

Ist das so nach Neuschrieb korrekt? Nein! Obwohl ich mich so gern nach der oben erwähnten Steigerungsregel §34 (3) richten würde: Hier klappt es <u>nicht</u>. Auch wenn wir *gut* mit *ganz gut* und *fest* mit *fester* steigern können, finden wir doch im Duden tatsächlich noch die altbekannten Wörter *gutschreiben* und *feststellen*, was ja auch vernünftig ist. Nur muß man das eben wissen. Was nützt also obige Regel? Nichts!

Zu den **vielen Ausnahmen** von den Auseinanderschreiberegeln erläutert die Gesellschaft für deutsche Sprache e. V. nur lakonisch:

"Die Rechtschreibreform hat diesen Bereich neu geregelt. Tendenziell kann man sagen, daß insgesamt mehr getrennt geschrieben wird als bisher, um die einzelnen Teile des Textes deutlicher kenntlich zu machen. Das führt dazu, daß ein Text leichter zu lesen ist." [3]

Bei mir "führt das dazu", daß meine Sachlichkeitsgrenze überschritten zu werden droht, und ich muß mich beim Schreiben dieser Zeilen arg „*zusammen reißen*".

Wieder falsch! Nach neuem Duden schreibt man wie bisher *zusammenreißen*. Man schreibt außerdem

„*auseinander reißen*", jedoch *zusammenreißen*,
„*auseinander setzen*", jedoch *zusammensetzen*,
„*auseinander halten*", jedoch *zusammenhalten* ...,

und das kann man sich ja auch ganz leicht merken ... ☺

Es gibt überraschend viele solch kuriose Kombinationen, und ich verweise an dieser Stelle mit großer Freude auf die im Anhang empfohlene ***Wörterliste*** von Stephanus Peil [11].

Wie steigert man *gut*?

- gut
- plus gut
- doppelt plus gut

George Orwell, aus: „1984"

Ganz besonders auffällig wird die Zerstörung unserer Schriftsprache jedoch, wenn wir uns in einem neuen Nachschlagewerk [4] die Wörter anschauen, die mit einem „wieder" beginnen (oder besser: begannen!), hier ein Beispiel:

Ich habe ihn „*wieder erkannt*". (neu)
Ich habe ihn *wiedererkannt*. (alt)

Das ist ein **ganz übler Eingriff in den Sinn einer Aussage**! Beide Sätze haben unterschiedliche Bedeutung und werden auch **anders gesprochen**! Wir sprechen die **Pausen** doch auch mit und **betonen** auch die Wörter bzw. Wortteile ganz anders! Die Reformer haben das Wort *wiedererkannt* **vernichtet** und uns damit **die Möglichkeit genommen, schriftlich <u>das</u> zu formulieren, was wir eigentlich ausdrücken wollen**, nämlich, daß wir ihn nicht nur wieder(holt) <u>erkannt</u>, sondern tatsächlich <u>wieder</u>erkannt haben! Das ist doch etwas völlig anderes! Oder:

Wir werden uns „*wieder sehen*". (neu)
Wir werden uns *wiedersehen*. (alt)

Die erste Schreibung verwenden wir doch normalerweise, wenn wir z. B. ausdrücken wollen: „Wir werden uns zwar wieder mal sehen, aber nicht miteinander reden." Aber diese Bedeutung können wir nach Neuschrieb **überhaupt nicht mehr übermitteln**! Denn „*wieder sehen*" ersetzt ja in Zukunft das Wort *<u>wiedersehen</u>*! Und wenn wir nicht sicher sind, daß der Schreiber nach klassischer Schreibweise schreibt, können wir mit der Wortkombination *„wieder sehen"* gar nichts anfangen.

Die Substantivierung dieser ganzen „wieder"-Wörter gibt es allerdings noch. Dann werden sie so wie bisher zusammengeschrieben, z. B. das *Wiedersehen.*

Aber der Hammer kommt jetzt! Ich zitiere die Erläuterung E4 des so überaus aufgeblasenen §34 aus [4]:

"Lässt sich in einzelnen Fällen der Gruppe aus Adjektiv + Verb ... keine klare Entscheidung für Getrennt- oder Zusammenschreibung treffen, so bleibt es dem Schreibenden überlassen, ob er sie als Wortgruppe oder als Zusammensetzung verstanden wissen will."

Das hätte man wahrlich billiger haben können! Der ganze §34 ist für die Katze, und das gehört sich auch so! Die Regelerfinder über-  lassen die Deutung wieder mal allein dem Schreibenden, und der Leser kann zusehen, wie er mit der „klaren Entscheidung" des Schreibers *klarkommt.* Probieren wir das mal aus:

<u>Ich</u> entscheide, daß ich *klarkommt* als „Zusammensetzung" sehe. Der <u>Schreibschwache</u> dagegen schaut in den Duden, findet *„klar kommt"* (ähnlich *„klar werden")* und entscheidet, daß er dies als eine „Wortgruppe" versteht. Und nun? *Klar komme* ich!

Doch ich darf mich trösten: In [2] wird anschaulich gezeigt und belegt, daß die heutigen Ausgaben der einschlägigen Wörterbücher unterschiedlicher Verlage unverantwortlich krasse Unterschiede aufweisen und damit das Chaos und die bestehende Verunsicherung noch forcieren. Schade um's Geld: Duden, Berthelsmann, Eduscho, ALDI, ... das alles kann man sich heute sparen, da nutzlos.

Was bewirken „*Krebs erregende*" Stoffe?
Was ist ein „*sicher wirkendes*" Mittel?

Erregen die Stoffe den Krebs, oder sind die Stoffe krebserregend, d. h. schädlich für uns? Wirkt das Mittel nur höchstwahrscheinlich (sicherlich) oder ist es ein sicherwirkendes Mittel, d. h. wirkt es ganz sicher? Meine Damen und Herren Reformer, nehmen Sie bitte zur Kenntnis, daß unsere Schriftsprache **beide Schreibweisen braucht, die getrennte und die nichtgetrennte**! Mit der Herausnahme zusammengesetzter Wörter schränken Sie unseren Wortschatz und damit die Möglichkeiten des Transformationsmittels *Schriftsprache* derart ein, daß wir **nicht mehr vernünftig schriftlich kommunizieren können**!

Ich zitiere aus dem neuen Duden [4]: Eine „*weit gereiste* Forscherin". Nach klassischer Schreibweise wäre die Bedeutung klar: Es handelt sich um eine Forscherin, die eine weite Strecke zurückgelegt hat, die wegen uns weit gereist ist. Nach Neuschrieb hätten wir ein Problem: Könnte es sich da nicht auch um eine weitgereiste, also überall in der Welt herumgekommene Forscherin handeln? Das Wort *weitgereist* gibt es ja nicht mehr!

Wenn ich den Duden unter dem Buchstaben *w* jetzt nicht schließe, werde ich irre. Nur leider sieht es anderswo im Nachschlagewerk nicht viel anders aus, so vieles ist rot markiert. Kann mir irgend ein Reformer eine plausible, sachliche, vernünftige, logische Erklärung für die folgenden beispielhaften willkürlichen Neuschreibungen geben?

„*warm laufen*"	aber:	*heißlaufen*
„*fertig machen*"	aber:	*bereitmachen*
„*wieder finden*"	aber:	*wiedererlangen*
„*davor setzen*"	aber:	*danebensetzen*
„*hier bleiben*"	aber:	*dableiben*

„wieder sehen"   aber: *wiederkehren*
„Kosten sparend"   aber: *kostendeckend*

„Wie schreibt man *zusammenschreiben*, zusammen oder auseinander?" fragte ich neulich einen Kollegen. „Ich würde sagen: zusammen." meinte er. „Nein, stimmt nicht." erwiderte
ich. „Dann eben wohl doch auseinander?" „Auch nicht richtig." und er schlug vor: „Schauen wir in den Duden!" Und wir
schauten in ein nichtreformiertes Exemplar von 1990 [12].
Wie erwartet, fanden wir beide Varianten, und wir fragten uns
nun, welche wir annehmen sollten:

- *zusammenschreiben* im Sinne von „irgend ein Zeugs zusammenschreiben"

- *zusammenschreiben* im Sinne von „nicht auseinander"

- *zusammen schreiben* im Sinne von „gemeinsam schreiben"

An dieser Stelle wird es richtig schwierig. Die **fakultative
Zusammenschreibung** ist ein Kapitel, bei dem uns ein Nachschlagewerk nur bedingt helfen kann. Wie wir gesehen haben,
ergibt sich die korrekte Schreibung, d. h. eine für den Leser
verständliche Schreibung, hier erst aus dem inhaltlichen Zusammenhang oder aus dem gewünschten Satzkern:

„<u>Wir wollen</u> den Text <u>zusammenschreiben</u>."
„<u>Wir wollen</u> den Text zusammen <u>schreiben</u>."

Die Frage, ob wir einen Begriff zusammen- oder auseinander
schreiben müssen, dürfen wir nicht stellen, ohne zusätzlich zu
fragen: „In welchem Zusammenhang steht der Begriff?" Die
Antwort gibt uns ein Nachschlagewerk nur insofern, als daß es
uns beim Nachschlagen selbst nach dem Zusammenhang fragt
und uns dann in der Regel mehrere Vorschläge in die Hand

gibt. Was wir dann als korrekt empfinden, müssen wir jedoch ganz alleine entscheiden.

ICKLER löst das in [13] auf galante Weise: Die fakultativen Zusammenschreibungen kennzeichnet er in seinem neuen Nachschlagewerk mit einem Unterbogen, wobei er beide Varianten kurz erläutert.

Die Rechtschreibreform versucht nun eine Reglementierung der Schreibung von Begriffen, die fakultativ zusammengeschrieben werden können, in Richtung Auseinanderschreibung. Das funktioniert aber nicht, wie wir bereits weiter oben gelernt haben, weil <u>beide</u> Schreibungen ihre Berechtigung und ihren Sinn haben!

Übrigens gilt auch folgendes:

- *kleinschreiben* im Sinne von „einer Schriftumwandlung groß nach klein", oder auch „kleinmachen"

- *klein schreiben* im Sinne von „kleinen Anfangsbuchstaben"

Mit der Zwangsauseinanderschreibung von zusammengesetzen Wörtern verschwinden diese Wörter aber nicht nur aus dem Transformationsmittel *Schriftsprache* und fehlen im Duden, sondern diese Wörter gibt es dann auch nicht mehr in der **artikulierten Sprache**, zumindest nicht, wenn man einen gelesenen Text spricht. Und das kann ja wohl nicht sein! Offenbar doch, denn:

Der Kuriositäten ist kein Ende!

Hoch stehende Persönlichkeiten geben uns weitere beispielhafte Absurditäten auf den Weg:

„hoch begabt",	aber:	*hochbetagt*
„hoch geachtet",	aber:	*hochberühmt*
„das Gleiche",	aber:	*dasselbe*
„gleich lautend",	aber:	*gleichnamig*
„Musik liebend",	aber:	*tierliebend*
„Unheil bringend",	aber:	*heilbringend*
„Platz sparend",	aber:	*zeitsparend*
„Eis laufend",	aber:	*seiltanzend*
„und anderes",	aber:	*und Ähnliches*
„die anderen",	aber:	*die Übrigen*
„getrennt leben",	aber:	*zusammenscheißen* ☺
„schwarz malen",	aber:	*schwarzsehen* (!)

Das Smily ☺ zeigt, daß wir auch in Neuschrieb unterscheiden können sollen, ob mir mein Chef die Meinung sagen oder mit mir gemeinsam aufs Klo gehen will. Im Beispiel *schwarz malen / schwarzsehen* sind beide Wörter sogar annähernd gleichbedeutend: etwas pessimistisch darstellen bzw. pessimistisch sein! Oh, wie geistreich!

• Nach welchen geistreichen neuen Regeln soll der Schreibende hier die korrekte Schreibweise finden?

Aber die Reformer setzen noch eins drauf:

jemanden *„zufrieden stellen"*, aber:
jemanden *zufriedenerstellen* (!)

Was ist hier passiert? Keine Ahnung! So steht es im neuen Duden [4]. Das Wort *zufriedenstellen* wurde eliminiert, nur in der Steigerungsform existiert es noch: **Ein Wort, welches es nicht gibt, kann gesteigert werden**, welch schelmische Idee! Und wer den Duden kauft, ist ein *„zufrieden gestellter"* Kunde! Was ist ein *„zufrieden gestellter"* Kunde?

Die „*Daten verarbeitende*" Industrie... Endlich! Endlich kann ich als Ingenieur und Informatiker sagen: Meine Damen und Herren Reformer, *davon* verstehen Sie nichts!

„Zu Weihnachten wollen wir *heimlichtun*,
sonst müssen wir's nämlich *heimlich tun*."

Dieser Reim ist in einer meiner Sternstunden entstanden ☺ und wäre in Neuschrieb gar nicht mit dieser hohen poetischen Qualität notierbar: Das Wort *heimlichtun*, so wichtig vor allem für Kinder, wurde abgeschafft. Ja, für Dichter und Schriftsteller brechen schwere Zeiten an. Schreiben sie in „Neu", haben sie ein grundsätzliches Problem, schreiben sie in „Klassisch", werden sie von den Kindern als altmodisch eingestuft oder gar ausgelacht. Eltern sollten ihre **Bibliotheken verschließen**, sonst entdecken ihre Kinder womöglich eine bessere Schreibweise als die, die sie in der Schule lernen!

Ich finde das alles „*belämmert*". Oh, Du armes Jungschaf, für welchen Unfug mußt Du heute herhalten! Das „*Blässhuhn*" wird zum *blassen* Huhn... Schreiben wir eigentlich *behemmert* oder *behämmert*?

Neben *eines Besseren* ist nun auch *eines „Bessren"* zugelassen. Wem nutzt das? Vielleicht nutzt das der *allein stehenden* Frau. Stützt sie jemand? Nein, aber sie ist *allgemein gebildet*... und hat ihre Beine *übereinander geschlagen*. Aua! Wir wollen es ihr nicht *übel nehmen*. Sie hat eine *tief schürfende* Wunde. Die Wunde wird also noch drei Tage lang ordentlich tief schürfen. Und danach hat die Frau dann eine *tiefstschürfende* Wunde. Sie ist heute sowieso *schlecht gelaunt*, aber nicht unbedingt *missgelaunt*. Sie hat nämlich eine *vorwärts weisende* Entdeckung gemacht, die allerdings nicht *zukunftsweisend* ist. Experten schätzen die *hoch gewachsene* Dame als *weit schauend*. Sie hat offensichtlich gute Augen und ist *weitsichtig*. Somit kann sie gut *Rad fahren* und *bergsteigen*. Sie beherrscht die *hohe Schule* des Kletterns. Ihre Tochter spielt Klavier, aber die wird bald *flöten gehen*. Sie hat nämlich ihre alten Lieder *wieder entdeckt*... ☺

Die Rechtschreibreform ist einzig dafür gut, um ein wenig Spaß zu haben. Ich verzichte jetzt bei den folgenden Neuschreibkuriositäten einfach mal auf die *Kursiv*darstellung:

„Oh, Geliebte, wollen wir doch unser Hühnchen gar kochen und braten!" „Geliebter, komm, laß uns voll fressen." „Ja, laß uns voll hauen!"... „Wir müssen versuchen, gleich dahinter zu kommen und wollen das Ergebnis sehr ernst nehmen" ... ☺

Satzzeichen werden gestrichen, Wörter werden vernichtet, neue kommen hinzu, der *Tolpatsch* geht, der *„Tollpatsch"* kommt ... Alfred Brehm würde sich im Grabe umdrehen. Infolge der Währungsunion verlieren wir den *Pfennig* und bekommen das oder den *Cent*. Wird dann der

Pfenningfuchser zum *Centfuchser*?

Verlieren wir auch den Groschen (10-Pfenningstück) und den Sechser (5-Pfenningstück, Berlinerisch)?

In Zukunft gibt es einen *„Glimmstängel"*. Das ist sozusagen eine Zigarette von der Stange.

In Zukunft schreiben wir solche kurzen Wörter wie

„Bett-Tuch"

mit Bindestrich, wenn uns die Aufeinanderfolge von drei gleichlautenden Vokalen gegen den „Strich" geht. Der Duden ist voll von diesen Bindestrich-Alternativen, und man könnte Papier und rote Farbe sparen, würde man auf diese Bindestrich-Alberei verzichten! Naja, die Idee mit dem *„Betttuch"* war wohl doch nicht so toll, oder? Da hätte man lieber alles beim Alten (bei wem?) lassen sollen (Verzeihung, ich hätte den Alten „*kursiv*" schreiben sollen).

Der Einfluß auf die Sprechweise

ist unüberhörbar. Die neuen Regeln verursachen vielerseits nicht nur eine Sinnentstellung des zu übermittelnden Inhaltes einer Nachricht, sondern gleichzeitig eine Unsicherheit beim Lesen und folgerichtig auch beim Sprechen, d. h. beim lauten Lesen. Wenn ein Nachrichtensprecher, wie weiter oben gezeigt, „*selbst - ständig*" liest und auch so ausspricht, oder wenn er sich wegen fehlender Kommata im Satz verhaspelt, verursacht das bei den Reformgegnern sicherlich ein leises Schmunzeln. Wenn wir aber in den neuen Duden schauen, finden wir eine so große Anzahl von Schreibungen, die in unsere **Artikulation** eingreifen und **unser gewohntes Sprechbild derart stören**, daß es nicht mehr komisch ist. Diese Eingriffe in die Lese- und Sprechweise sind die scheußlichsten, die die Reform überhaupt verursacht.

Nehmen wir das Beispiel von oben:

„Sie ist *allgemein gebildet*, hilfsbereit und nett."

Wir lesen mit der Betonung auf beiden Wörtern. Die Wörter *allgemein* und *gebildet* haben gleiches Gewicht und unabhängig voneinander jedes seine eigene Bedeutung. Hieße der Satz

„Sie ist *allgemeingebildet*, hilfsbereit und nett.",

läge die Betonung auf dem Wortteil _allgemein_. Beide Sätze haben selbstverständlich unterschiedliche Bedeutung. Oder auch nicht?

Wenn wir sichergehen könnten, daß der Schreiber den obigen Satz nach den bisher gebräuchlichen Regeln schrieb, wäre die Aussage klar: Die Dame ist im allgemeinen recht gut gebildet und zudem noch hilfsbereit und nett. Denn nach den bisherigen Regeln gäbe es ja außerdem noch das Wort *allgemeinbildend* im Sinne von Allgemeinbildung, aber das hat der Schreiber nicht verwendet und somit auch nicht gemeint. Wenn wir jedoch wissen, daß uns der Schreiberling mit Neuschrieb volltextet, dann können wir genaugenommen mit diesem Satz nichts anfangen, denn das Wort *allgemeinbildend* gibt es ja nicht mehr, und es wären zwei Varianten möglich.

- Wir können nicht wissen, **welche Regeln** der Schreibende anwendet, und wir können bestenfalls ahnen, ob ein Schreibender nach Neuschrieb schreibt oder generell nur Fehler macht.

Noch etwas auffallender kommt die Sprachbeeinflussung im folgenden Beispiel zur Geltung, der Leser möge hier selbst ein wenig experimentieren:

„Der Arzt gab mir zwar ein *sicher wirkendes*, jedoch nicht schmackhaftes Mittel."

Wir sollen in Zukunft schreiben:

„*zurzeit*" oder
„*mithilfe*"

Der Leser möge auch diese Wörter einmal laut vorlesen. Wo liegt intuitiv die Betonung? Wohl eher auf der ersten Silbe: *zurzeit*, *mithilfe,* so wie *Mithilfe* (als Substantiv).

Dürfen wir dann - so wie bei „*mithilfe*" - zukünftig auch

„*mitunterstützung*"

schreiben? ☺

Eine Folge der Neuschreibung nach der Stammprinzipregel ist u. a., daß die Vokale *e* und *ä* gegenseitig ausgetauscht werden. Beispiel:

belemmert wird zu „*belämmert*".

Das wiederum bedingt eine andere Sprechweise *ä* statt *e*, auch wenn es sich hierbei wegen des kurzen Vokals nur um eine kleine, fast unhörbare Nuance handelt. In jedem Falle versucht aber der Sprechende, ein *ä* statt ein *e* zu artikulieren. Er formt seinen Mund anders als gewohnt. Wozu haben wir denn schließlich das *ä?*!

Ursprünglich hatte ich vor, das Wort *Wächte* (Schneeüberhang) als Beispiel für diesen Sprachmißbrauch zu verwenden, aber ich habe es **im Duden nicht gleich gefunden**. Das Wort *Wächte* gibt es nämlich nicht mehr. Dafür ist ein **neues Wort** entstanden: „*Wechte*"! Anyway, auch die *Gemse* geht, und dafür kommt die „*Gämse*". Und bitte Mund auf beim Sprechen, Leute: „Äääää"...!

Wir wollen nun diesen üblen Mis(s)thaufen verlassen und versuchen, über ein kleines Personalpronomen nachzudenken.

Die persönliche Anrede

... kann in Zukunft klein geschrieben werden. Ich hab's noch nicht bei meinem Chef probiert. Na gut, mit dem bin ich nicht per *Du*. Und das müssen die Kleinschreibungserfinder gewußt haben, denn beim "Sie" bleibt inkonsequenterweise wieder mal alles beim alten. "Die überbetonte Ehrfurcht des einen vor dem anderen ist nicht mehr im Sinne unserer Zeit", führt hierzu das eingangs erwähnte Papier [3] aus. Außerdem sei das in anderen Ländern, beispielsweise in England, schon immer so üblich. Logisch, denn dort hat man ja einen eigens dafür zuge-schnittenen Wortschatz!

- Wieso zwingt man mich, ein groß geschriebenes *Du* als "überbetonte" Ehrfurcht zu interpretieren?

Abgesehen von der Tatsache, daß die gegenseitige Achtung und Wertschätzung der Menschen in unserem Lande immer mehr den Bach runtergeht und die Umgangsformen immer rauher und wir uns immer fremder werden, ist dieser Vorschlag auch rein grammatikalisch unter aller Würde. Probieren wir also einfach mal aus, was passiert, wenn ich mit Ihnen, Herr oder Frau Rechtschreibungserfinder, über "die Kinder da hinten" spreche:

„Ich denke an die Kinder da hinten in der Ecke. Ich finde ihre Ansichten seltsam."

Sofort entsteht die Frage: Wessen Ansichten finde ich seltsam, die meines Ansprechpartners oder die der Kinder da hinten in der Ecke? Im Englischen können wir diese Frage leicht durch die Unterscheidung von *your* oder *their* eindeutig beantworten. Na gut, zugegeben, ich könnte *ihre* durch *deren* ersetzen, aber dazu zwingt mich ja niemand, zumal die Objekte belebt sind.

Ein genauerer Blick in den §65 des neuen Regelwerks [4] verrät allerdings, daß die Anrede *Ihr* nach wie vor groß geschrieben wird, denn man muß selbstverständlich zwischen einem Anredepronomen und einem Possessivpronomen unterscheiden. *Ihr* ist nämlich ein Possessivpronomen zu *Sie*. Somit ist es also nur der §66, der für Aufregung sorgt, aber man kann ja nie wissen, die alleskleinschreiber liegen schon auf der lauer ... Die bisherige Regelung erforderte weit weniger Gehirnschmalz.

Auch beim *Du* klappt das nicht ohne weiteres. Das kleine *du* steht nicht selten als "man"-Form, und in diesem Zusammenhang kann es hier zu Mehrdeutigkeiten kommen:

„Hast du das gesehn?!"

Ging die Frage hier tatsächlich an den Angesprochenen, oder handelt es sich nur um eine allgemeine Äußerung der Form "Hat man sowas schon gesehn!"?

Ich bedaure die Personalpronomen, die ein so unscheinbares, bescheidenes, nebensächliches Dasein in der deutschen Sprache führen müssen, obwohl sie doch eigentlich so wichtig sind, weil sie wie keine andere Wortkategorie die entscheidende Verbindung zu den Menschen darstellen.

Ach, du heiliger Vater!

Ist ein Heiliger Vater eigentlich auch ein heiliger Vater? Den Sprachzerformern ist nichts heilig. Warum wollen wir nun nicht mal mehr die paar Eigennamen akzeptieren? Begreifen die Reformer denn nicht, daß ein *„hohes Haus"* ja nun mal etwas ganz anderes ist als ein *Hohes Haus*? Schreiben wir dann in Zukunft auch

das „hohe Gericht"?
die „rote Armee"?
die „erste Hilfe"?
das „tote Meer"?

„Die Ableitungen von Eigennamen werden in Zukunft klein geschrieben. Wenn die Grundform des Namens betont werden soll, kann man den Namen zwar groß schreiben, muß dann jedoch die Endung mit einem " ' " abtrennen." [3]

So die neue Regel. Und wofür brauchen wir die? Soll mir mein Dreikäsehoch neuerdings diktieren dürfen, ob die Grundform des Namens betont oder nicht betont werden darf?

Ich baue einen enormen Widerstand gegen die Nutzlosigkeit dieser neuen Regel auf. Dabei führt mich das Stichwort *Widerstand* zum Herrn Ohm. Ich glaube nicht, daß jeder Mensch der Welt diesen Herrn Ohm kennt, auch wenn dieser Guru der Elektrotechnik das so berühmte und überaus wichtige

Ohmsche Gesetz

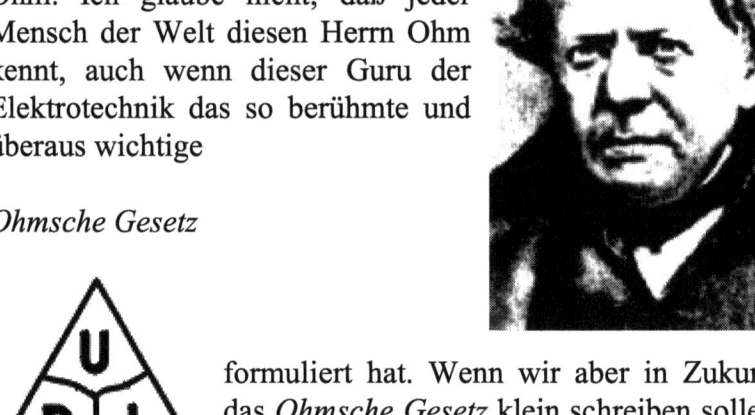

formuliert hat. Wenn wir aber in Zukunft das *Ohmsche Gesetz* klein schreiben sollen, geht völlig die Information darüber verloren, daß es sich bei „*ohmsch*" nicht um ein klassisches Adjektiv handelt, sondern daß diese Bezeichnung im Zusammenhang mit der Ehrung einer offensichtlich bedeutenden **Persönlichkeit** zu sehen ist.

Das „*ohmsche Gesetz*" wird dann dem *komischen* Gesetz gleichgesetzt. Der Unfug läßt sich aber noch steigern, denn die neue Regel läßt ja nun neben

das „*ohmsche Gesetz*"

gleichzeitig auch noch die Schreibweise

das „*Ohm'sche Gesetz*"

zu. Also, was nun? Wollen wir den Genitiv so wie im Englischen zukünftig mit " ' " schreiben?

- Welche Schreibung empfehle ich hier einem Schüler?
- Und wie begründe ich meine Entscheidung?

Die alte Regel lautete einfach, kurz und schlicht: Eigennamen werden groß geschrieben. Das ist klar und eindeutig, und es birgt Sinn und ein wenig Ehrfurcht, indem es die Unterscheidung zum gemeinen Wort optisch verdeutlicht. Und das soll so bleiben!

Vielmehr sollten wir beispielsweise mal darüber nachdenken, wie wir in Zukunft mit der seltsamen und noch immer gültigen Regel zur Schreibung von Adjektiven umgehen, bei denen sich die Groß-/Kleinschreibung aus der offenen Endung *-isch* oder *-er* ergibt:

„Ich bin ein bayrischer Bub."

aber:

„Sie ist eine Berliner Göre."

Hierzu bin ich jedoch von Herrn Lindenthal [8] darauf aufmerksam gemacht worden, daß es eine solche Debatte bereits seit einiger Zeit gibt, beispielsweise in [19].

Trennung eines Zuckerbäckers

Die Überschrift deutet wegen des inzwischen berühmt gewordenen Wortes *Zucker* darauf hin, daß wir das Thema der korrekten Trennung längerer Wörter nicht links liegenlassen wollen.

Tja eben, die *längeren* Wörter! Warum sollen wir in Zukunft den

„*A - bend*"

trennen dürfen? Was soll dieser einsame Buchstabe am Ende der Zeile? Was hat das mit Vereinfachung zu tun? Ist *A* eine Silbe? Kann man dem ach so braven Schüler tatsächlich nicht beibringen, daß es Wörter gibt, die eben nun mal nicht getrennt werden können?

Hinzu kommt die Tatsache, daß sich Wörter, die auf diese Weise getrennt werden, schwer lesen lassen. Durch die **räumliche Distanz** zwischen Zeilenende und neuem Zeilenanfang beherbergt der allein zurückbleibende Einzelbuchstabe nur einen kleinen Rest der Information des Wortes. Darüber hinaus bewirken die nahezu freizügigen neuen Trennregeln, daß ein Wort **in unterschiedlichsten Schreibweisen** auftreten kann. Und das kann nicht Sinn eines Regelwerkes sein.

"Trenne nie 'st', ...". Ich bedaure so sehr den Wegfall dieser klassischen, liebevollen Eselsbrücke, die -zig Millionen Menschen übermittelt worden ist, die einem nie wieder aus den Gedanken verschwindet. Dem Herrn Reinhard Mey dürfte diese beabsichtigte Neuregelung nur zu gut entgegenkommen ("Der unendliche Tango der deutschen Rechtschreibung", CD "Immer weiter", 1994), aber selbst der hat sich in einem seiner Live-Auftritte in Karlsruhe gegen das nun entstandene Schreibchaos artikuliert. Trennen wir doch einfach mal ein paar *st*-Wörter oder lassen wir sie durch unseren Computer trennen [15]:

Lachs - türme
Wachs - tube
„Schnees - türme"
„Musikantens - tadel"
„Esss - tube"
„Dis - tanz"

Welch eine Narretei! Ich will an dieser Stelle einräumen, daß ja *tz* oder *sp* schon immer nach dieser neuen Möglichkeit getrennt wurden und somit in diesem Falle durchaus eine Vereinfachung nachvollziehbar ist. Aber: Warum sollen wir **beim ck nun wiederum genau das Gegenteil** machen?

„Zu - cker", sagt der Neuschrieb!

Die alte Regel forderte:

Zuk - ker.

Was ist hieran so schlimm? Und trennen wir in Zukunft

„Ka - tze",
„Tee - nager",
„Obst - ruktion",
„Ha - mmer",
„ba - cken",
„To - nne"?
„Fußballa - bend",
„Fraktion - schef",
„Schlos - sturm",
„Messer - gebnis"?

*O*der gar

„Mes - ser - gebnis"?

Die Trennung *bak-ken* liest sich leichter als *„ba-cken"*, wenn man die Zeilenschaltung berücksichtigt. Der *k*-Laut wird nämlich **angekündigt**. Eine vernünftige Trennung des *Messergebnisses* scheitert folgerichtig an der Substitution des *ß* durch *ss* (siehe Kapitel „Das ß und andere Doppelkonsonanten"!)

„Geschriebene Wörter trennt man am Zeilenende so, wie sie sich bei langsamem Sprechen in Silben zerlegen lassen" [4], §107.

Ich bin richtig froh, daß das Regelwerk fairerweise auch Beispiele präsentiert, die komisch anmuten und die einen einzelnen Buchstaben in den Adelsstand einer Silbe erheben:

„na - ti - o - nal"
„Ru - i - ne "

Wenn ich langsam spreche, finde ich die Silben

na - tio - nal. Was nun?

Ich will in den folgenden Abschnitten das neue Regelwerk nicht weiter in seinen Einzelheiten betrachten und im Detail analysieren, denn das haben andere Autoren bereits in aller Ausführlichkeit und mit dem dafür nötigen Sachverstand getan. Statt dessen gehe ich auf ein paar Themen ein, die in der weitläufigen Diskussion zu diesem „Tollpatsch"-lastigen Thema bisher ein wenig zu kurz gekommen sind. Und vielleicht sind in den nachfolgenden Gedanken auch einige Grundübel für das Zustandekommen dieser absurden Reformidee verborgen.

Die Frage nach dem Stil

„Das Buch ist die Axt für das gefrorene Meer in uns." Franz *Kafka*

Ich muß eingestehen, daß wir in der heutigen Zeit eigentlich beinahe keine Kenntnisse über unsere Sprache mehr benötigen. Der Wortschatz eines jeden einzelnen wird immer geringer, und **wir brauchen nicht mehr viele Worte** geschweige denn Wissen, um kommunizieren und überleben zu können. Es gibt Radio, Fernsehen und Computer. Briefe werden kaum noch geschrieben, das Gespräch am Telefon erschöpft sich nicht selten darin, einen "Termin" zu machen, und die tägliche

Werbung nimmt uns Entscheidungen und Wertungen in nahezu allen Lebensbereichen ab.

In diesem Zusammenhang beeindruckt mich, wie die Menschen in früheren Zeiten miteinander kommuniziert haben. Das barg Stil, Charakter und Verbindlichkeit. In einem Brief des Philosophen Karl Jaspers an Martin Heidegger im Jahre 1949 sondiert Jaspers vorsichtig, ob nicht der Zustand, "daß wir gegeneinander schweigen", beendet werden könnte [16]:

"Die unendliche Trauer seit 1933 und der gegenwärtige Zustand, in dem meine deutsche Seele nur immer mehr leidet, haben uns nicht verbunden, sondern stillschweigend getrennt. Wenn auch Dunkelheit zwischen uns ist, so könnten wir doch versuchen, ob nicht im Privaten und Philosophischen zwischen uns ein Wort vom einen zum anderen geht... Ich grüße Sie aus ferner Vergangenheit, über einen Abgrund der Zeit hinweg, festhaltend an etwas, das war und das nicht nichts sein kann."

Ich will nicht ins Unterholz abwandern, aber ich kann mich nicht zügeln, diesen sensiblen Brief - ohne Beachtung des recht heiklen ursprünglichen Zusammenhangs im Falle Jaspers und Heidegger - in die heutige Zeit zu übertragen. Hier tut's unter Kumpels (damals sprach man immerhin von Freunden) wohl ein kurzer Text auf Karo-Papier gekritzelt:

"Naja, tut mir ja echt leid die Sache von damals. Weil ich bin eben Deutscher. Wenn Du willst, kannste ja mal rumkommen. Da könn'n wir'n Bierchen trinken gehen und mal drüber reden. Und dann vergessen wir den ganzen Salat. Fänd' ich geil. Also dann, hollidooo!".

Wo die Sprache verarmt, da verarmt auch das Denken.

„Daß wir miteinander reden können, macht uns zu Menschen." Karl Jaspers

Wer einmal Heidegger gelesen hat, sollte versuchen, dessen komplizierte Gedankengänge in die neuen Kommaregeln zu übertragen. Das dürfte unmöglich sein [16]:

"Die wirkliche Welt ist, gesehen aus der Perspektive der Eigentlichkeit, die Arena der Geworfenheit und des Entwurfs, der Sorge, des Opfers, des Kampfes, eine Welt, vom Geschick durchwaltet, vom Nichts und dem Nichtigen bedroht; ein gefährlicher Ort, an dem nur die zur Obdachlosigkeit Entschlossenen, die wirklich Freien, aushalten können, ohne Schutz suchen zu müssen unter dem Dach vorgegebener Wahrheiten."

Nach der neuen Zeichensetzung könnte diese Sequenz so aussehen:

"Die wirkliche Welt ist gesehen aus der Perspektive der Eigentlichkeit die Arena der Geworfenheit und des Entwurfs, der Sorge, des Opfers, des Kampfes, eine Welt vom Geschick durchwaltet, vom Nichts und dem Nichtigen bedroht; ein gefährlicher Ort, an dem nur die zur Obdachlosigkeit Entschlossenen, die wirklich Freien, aushalten können ohne Schutz suchen zu müssen unter dem Dach vorgegebener Wahrheiten."

Viele Altmeister der deutschen Sprache könnten sich mit dem beschränkten Regelwerk der Rechtschreibreform in bezug auf die Interpunktion nicht mehr ohne weiteres ausdrücken.

Aber wer liest heute noch R. M. Rilke und erfreut sich daran, was dieser Mann aus einem Vorrat von knapp 70 Wörtern und ohne Anglizismen für eine Gefühlswelt hervorzaubert? Wollen wir ihm verraten, daß wir seinen *Panther* in Zukunft ohne *h* schreiben sollen?

Der Panther [17]

Sein Blick ist vom Vorübergehen der Stäbe
so müd geworden, daß er nichts mehr hält.
Ihm ist, als ob es tausend Stäbe gäbe
und hinter tausend Stäben keine Welt.

Der weiche Gang geschmeidig starker Schritte,
der sich im allerkleinsten Kreise dreht,
ist wie der Tanz von Kraft um eine Mitte,
in der betäubt ein großer Wille steht.

Nur manchmal schiebt der Vorhang der Pupille
sich lautlos auf -. Dann geht ein Bild hinein,
geht durch der Glieder angespannte Stille -
und hört im Herzen auf zu sein.

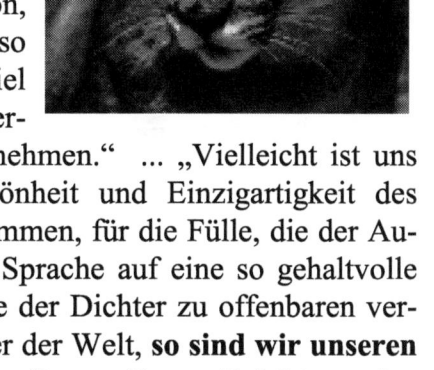

„Wenn wir zugestehen, daß Sprache auch Ausdruck der Seele ist und nicht nur ein rein pragmatisch zu handhabendes "Mittel" der Kommunikation, also nicht nur "Technik" ist, so stellt sich die Frage, wieviel eines geistigen Erbes wir überhaupt noch fähig sind aufzunehmen." ... „Vielleicht ist uns auch der Sinn für die Schönheit und Einzigartigkeit des menschlichen Lebens abgekommen, für die Fülle, die der Augenblick bergen mag. Wenn Sprache auf eine so gehaltvolle Wirklichkeit verweist, wie sie der Dichter zu offenbaren versteht, ob Gehalt der Seele oder der Welt, **so sind wir unseren Kindern regelrecht schuldig, ihnen diesen Reichtum, der sich auch in der Sprache niederschlägt, nicht vorzuenthalten.**" [18].

An einer Grundschule in Beelitz bei Potsdam mischen sich die Fachlehrer nicht mehr in das Ressort der Deutschlehrer ein, indem sie schriftliche Facharbeiten nicht mehr bezüglich Orthographie und Grammatik redigieren. Dem setzt Prof. Harald Zimmermann von der Universität Saarbrücken in einer Internet-Publikation noch eins drauf: „Zudem wird (hoffentlich) niemand mehr fragen, nach welcher Norm ein Roman geschrieben ist, sondern danach, welchen Gehalt er hat."

„Die Intellenz der Aburenten ist kastrophal.", fällt mir dazu nur ein.

Samthandschuhe für unsere Kinder

„Die Aussagen eines Menschen mögen verlogen sein - im Stil seiner Sprache liegt sein Wesen hüllenlos offen." Victor Klemperer, aus „LTI".

Was ist eigentlich so schlimm daran, wenn wir den Kindern im lernfähigsten Alter mit ein wenig **Nachdruck** ein niveauvolles Schreiben beizubringen versuchen? Es wird immer Kinder geben, die schwerer lernen, die faul sind, die von den Eltern lieber den Fernseher anstatt die Hausaufgaben erklärt bekommen, die vielleicht sogar eine geistige Behinderung haben, aber die lernen dann ganz andere Dinge auch nicht und dürfen nicht als **Maßstab** für einen Reformwillen dienen.

Die heutige deutsche Sprache verdanken wir im wesentlichen einem evolutionären Wandel durch viele Jahrhunderte. Und da kommen heute plötzlich ein paar Leute und inkompetente Wichtigtuer, die berühmt werden und in die Geschichte eingehen wollen, die vielleicht auch nur nicht fleißig genug waren und heute in einflußreichen Stellen sitzen, die keinen Ärger mit der Erziehung und Ausbildung von Kindern haben wollen, die jeder Konfrontation mit der Jugend aus dem Wege gehen und die meinen, daß es besser sei, die Kinder nicht mit so schlimmen Dingen wie mit der deutschen Sprache zu langweilen, denn schließlich solle jedes Kind antiautoritär aufwachsen und sowieso machen können, was es für richtig halte und ohne zu etwas genötigt zu werden, ... und die kommen jetzt auf die absurde Idee, die deutsche Sprache in ihrer Schriftform einfach so abändern zu wollen!

Dabei bemerken wir kaum, daß es nicht nur deutsche Sprache ist, die zugunsten einer anspruchslosen Minderheit primitiv gemacht werden soll. Wer setzt sich denn heute noch mit den Grundregeln des Anstandes und der Höflichkeit auseinander? Hier geben wir **Nachlässe**, ohne daß sich überhaupt jemand in Gremien oder Parlamenten darum kümmert. Selbst hier sind die Erziehungs- und Lehrberechtigten kaum noch bereit oder in der Lage, den Kindern ein anständiges Rüstzeug - und sei es durch Zwang - mit auf den Weg zu geben. Ein Kind will auch mal gefordert werden!

- Woher sollen denn die Kinder ihre Erfahrungen und ihren Wissensreichtum bekommen, um in der Welt bestehen zu können, um nachfolgenden Generationen ihr Wissen weiterzuvermitteln, wenn wir uns nicht mehr trauen, ihnen etwas beibringen, sie zu fordern?

- Wie bequem und verschandelt, wie niveaulos und geistig rückgebildet soll unsere Welt mal werden?

"Nee, mein Kind ißt nur Pommes." Klar, das Kind muß ja am besten wissen, was schmeckt und was gut und gesund für es ist. Weiß das Kind eigentlich, wie dieses Wort richtig heißt? Fragt es danach? Ich glaube nicht. Warum auch. Pommes ist zur **Hauptspeise** und damit deutsch geworden. Traurig. Und nicht mal besonders gesund.

Wie oft sind Kinder dankbar, wenn sie als Erwachsene merken, daß sie in der Kindheit vieles gelernt haben, auch wenn es damals vielleicht nicht so freiwillig war.

Aber wer spricht heute schon viel mit den Kindern! Sie **stören** im allgemeinen und werden vor den Fernseher gesetzt. Ab und zu tut's auch ein Gameboy oder ein kurzlebiges Tamagotschi (Tamagotchi?). Wer achtet schon auf die **richtige Formulierung beim Sprechen**? Hier ein paar Beispiele, die nicht nur dialektbedingt sind:

„Ich darf nicht mit ins Kino, weil ich bin zu jung."
„Das Buch, wo ich gestern gelesen habe."
„Er sagt, er kommt etwas später." (indirekte Rede!)
„Je mehr, um so weniger..."
„Ich bin größer wie er."
„Der Film war spannender, als daß ich gedacht hatte."
„Ich gehe in die Stadt mit meine beiden Kinder."
„Ich muß beim Friseur."
„Kann ich Sie was helfen?"
„Wir sind im Zug gesessen."
„Wir waren im Zug gesessen."
„Jeder hat was, wo ihn besonders auffällig macht."
„Man muß überlegen, wieviel Personal das man braucht."
„Das Fenster ist auf." (offen!)
„Auf dem Bild befindet sich ein Baum und ein Strauch.""
„Glauben Sie, ob man das schafft?""
„am gleichen Tag"
„Ich und meine Freunde" (eine Frage der Höflichkeit!)
„die Ausgabe von aktuelle Werte"
„Er hat es nicht realisiert" (aber im Sinne von *begreifen*!)
„Wir müssen sie noch etwas Milch geben" (den Katzen)
„zweimal so teuer als..."
„dreimal teurer wie..."
„Wem sein Buch ist das?
„sowohl die Hauptstraße wie auch bei Nebenstraßen..."
„Ich komme wegen dem Buch."
„Liebe Oma und Opa!"
„Montage und Verdrahtung wird später erledigt."

Wer viel liest, macht solche Fehler nicht. „Was für Fehler?"" fragen mich oft Leute, denen ich obige Beispiele zeige. Und selbst diese Frage ist kein sauberes Deutsch, abgesehen davon, daß sie keinen Satz bildet. Gut, die „Weil"-Formulierung im ersten Beispiel könnte man zur Not mit einem „:" gelten lassen, denn das ist beim Sprechen ja unerheblich. Aber nicht nur hier, sondern auch in dem Beispiel „Er hat es nicht realisiert." spürt man den zunehmenden Einfluß der englischen Sprache, der leider nicht immer zweckdienlich ist. Denn was ist nun, wenn ich ausdrücken will, daß „er es (das Projekt!) nicht realisiert" hat? Was bedeutet dann *realisierbar*?

Aber es ist heute alles so unwichtig. Wer kennt heute noch die indirekte wörtliche Rede? Wer spricht heute noch in vollständigen Sätzen? Wer beachtet die richtige Deklination und Konjugation? Wer sucht nach interessanten, ausdrucksstarken Wörtern oder Satzkonstruktionen? Wer setzt sich selbst bei einer Aufzählung an den Schluß? Wer spricht im Genitiv? Im Präterituim? Da haben es die Lehrer, falls sie sich überhaupt bemühen und selbst über das notwendige Wissen verfügen, reichlich schwer, wenn sprachlicher Unfug daheim oder im sonstigen Umfeld des Lernenden nicht berichtigt wird. Ich bin früher von meinen Eltern sehr oft nervend korrigiert worden: "Das sagt man nicht so, sondern so!" und bin ihnen heute dankbar dafür.

Und nichts ist verbindlich

... in dieser neuen Rechtschreibung. "Die einheitliche deutsche Rechtschreibung ist dahin" [2]. Um Konflikten mit dem Althergebrachten möglichst aus dem Wege zu gehen und einen großen Befürworterkreis zu finden, haben sich die Neuschreibkünstler offenbar darauf verständigt, eine Reihe neuer Regeln ganz einfach *fakultativ* zu formulieren. Also dürfen wir - je nach Gemütslage und Bildungsstand - die klassische Schreibweise unter bestimmten Bedingungen (die man natürlich vorher lernen muß!) durchaus weiterverwenden. Aber wie soll das dem lieben, schreibunlustigen und "überforderten" Schüler im zarten Kindesalter nun beigebracht werden?

Die neuen Regelungen beinhalten so viele **Varianten und Beliebigkeiten**, daß ein Lernender nicht ahnen kann, ob und wo er eine Wahl hat und wo nicht.

- Wer lehrt den Lernenden die notwendige Verantwortung und Feinfühligkeit bei der Wahl seiner Schreibweise?

- Wer versetzt ihn in die Lage des späteren Lesers und bringt ihm bei, eine potentielle Sinnentstellung zu erkennen?

Oder soll der Schüler in Zukunft dem Lehrenden auf der Nase herumtanzen können?

Dürrenmatt, "Die Füsicker"! Verdammt noch mal, warum wollen wir nicht anerkennen, daß unsere Sprache zu einem nicht geringen Teil aus Lehn- oder Fremdwörtern besteht? Muß man denn jedes Lehnwort gewaltsam und per Gesetz eindeutschen? Dann würde man den Ursprung dieses Wortes nicht mehr erkennen können, und es wäre trotzdem nicht deutsch, sondern eher verstümmelt und nicht nachvollziehbar.

Und dann dieser sinnlose Streit um das Kängeru, Känguru, Khänguru, Känguruh, Kengeru oder ... Ja, warum nicht eigentlich "Fuks" oder "Fux"? Meinetwegen auch "Fucks". Oh, da müßten aber die Kinderlein in Zukunft gut lernen, wenn es dann so viele Möglichkeiten gäbe, "Fuchs" zu schreiben; wenn jeder schreiben könnte, wie er wollte! Wozu brauchen wir überhaupt die Buchstaben v, x, y, q, ..., wenn wir dann doch mit weit weniger Buchstaben auskommen könnten? Warum schreibt man die Kuh nicht mit einem einzigen Buchstaben "Q" oder "Ku"? Im Angelsächsischen wird es ja eh Mode:

CU = see you
T42 = tea for two

Oh, hier gäbe es ordentlich was zu reformieren! Oder:

„*Abendteuer*",

das könnte man auch viel besser trennen als "Abenteuer": "Abend-teuer"! Oder wie wäre es mit

"Wir gehen ins Kaffee?"

Dieses abenteuerliche Streben nach Unverbindlichkeit gewinnt an Größe in der Dresdner Erklärung der 227. Kultusministerkonferenz vom Oktober 1996, in der wir die folgenden beruhigenden Aussagen finden:

"Die Neuregelung der Rechtschreibung orientiert sich vor allem an den **Bedürfnissen** von Schülerinnen und Schülern und hat insgesamt den 'Normalbürger' im Blick." [19]

- Was ist ein "Normalbürger"?

- Was sind die Bedürfnisse von Schülern? Und: Von welcher Art von Schülern?

"Künstler können auch in Zukunft wie bisher selbstverständlich frei mit der Sprache umgehen und sie im Zuge ihres literarischen Schreibens individuell gebrauchen. Sie brauchen sich dabei um Orthographieregeln wie bisher **nicht zu kümmern**." [19]

- Wieso darf ein Nichtkünstler nicht frei mit der Sprache umgehen?

- Wieso unterstellt man den Künstlern, daß sie sich nicht um Orthographieregeln kümmern wollen?

- Wollen wir eine **Zweiklassen-Schreibgesellschaft** mit Normalbürgern und Künstlern?

- Wollen wir tatsächlich **unterschiedliche Orthographien** in Büchern und im "normalen" Leben?

- Gehören die Redakteure eigentlich zu den Künstlern?

- Wie schreiben wir Geschäftsbriefe, Bewerbungen, Persönliches, Fachtexte, ...?

Wenn das Kind dann ein neues (!) Buch liest, wird es vielleicht feststellen: "Mutti, guck mal, der schreibt das ja ganz anders!" Und die Mutti wird sagen: "Der darf das. Das ist ein Künstler und kein Normalbürger. Der muß sich nicht an die Orthographie halten..."

Allein die kuriose Tatsache, daß die verantwortlichen Kultusminister differenzieren, wem sie die neuen Rechtschreibregeln zumuten können und wem nicht, ist doch ein deutliches Indiz dafür, daß mit der Reform irgendetwas faul sein muß.

"Tatsächlich betrifft die geplante Neuregelung ausschließlich das Schreiben in Behörden und Schulen." [19]

Na also, das ist doch 'ne klare Aussage, und ich frage mich, was ich mir hier eigentlich für Gedanken mache: Ich bin in keiner Behörde und in keiner Schule, und somit muß ich meinen Verstand nicht an der Garderobe abgeben. Allerdings frage ich mich auch, wie oft in den Behörden täglich das Wort *Tolpatsch* geschrieben wird. Außerdem vermute ich mal, daß der Neuschreibzwang in den Bildungseinrichtungen zwangsläufig dazu führen wird, daß nachfolgende Generationen nur noch nach diesem Unfugswerk schreiben.

Und überall dort, wo die Reformer eine Mehrdeutigkeit geschaffen haben, verweisen sie "schlau" und in letzter Not auf den **Kontext**. Ich bin ein strikter Gegner dieser Kontext-Philosophie. Was soll dieser Umweg, wenn er sich doch **vermeiden** läßt? Ich rede hier nicht über Ausnahmen, Beispiel "Die Feder" (Vogelfeder, Wagenfeder, Schreibfeder, ...). Unsere heute gültige Rechtschreibung hat im Laufe ihrer Geschichte eine ganze Reihe einfacher Möglichkeiten erfunden, nahezu unabhängig vom Kontext fließend lesen und verstehen zu können. Eine nach heutigen Regeln gültige korrekte Zeichensetzung, die richtige Anwendung des *ß*, die gezielte Großschreibung und die sinnorientierte Getrennt-und Zusammenschreibung von Adverbien u. v. m. haben einen ganz entscheidenden Anteil am flüssigen Lesen.

Wenn wir lesen, dann erfassen wir ein Wort als geübter Leser nicht durch Buchstabieren, sondern **wir erkennen das Wort in seiner Gesamtheit**, an seinem **Wortbild**, und manchmal überschauen wir sogar ganze Satzkonstruktionen mit *einem Blick*. Wenn Wörter zukünftig verschiedenartig geschrieben werden dürfen, werden bekannte Wortbilder zerstört, **oder es entstehen keine einheitlichen Wortbilder** mehr. Das hemmt den Lesefluß ungemein.

Es gibt überhaupt keinen Sinn und keinerlei Nutzen für die Gesellschaft, einer Abänderung ins Schlechtere, Primitive zuzustimmen, nur weil einige Leute Fehler beim Schreiben machen. Wer nicht bereit ist (ernsthafte geistige Behinderungen ausgeschlossen), sich Wissen in einem bestimmten Fachgebiet anzueignen, der kann nicht verlangen, daß wegen seiner Faulheit die Prüfungen in diesem Fach großzügiger gehandhabt oder physikalische Gesetze umformuliert oder trivialisiert werden. Wenn ich im Sport für eine gute Note nicht schnell genug laufe, muß ich dies anerkennen. Oder ich muß trainieren.

Wenn es nur darum geht, die Maßstäbe herunterzuschrauben, damit sich die Schüler über bessere Noten freuen (oder wundern!) können, müßten wir lediglich die Fehler-Noten-Zuordnung anpassen. Notengeben ist eine rein pädagogische Aufgabe und hat mit einer Reform absolut nichts zu tun.

Ein wohlgeordnetes Chaos dürften die neuen Freiheitsgrade unserer Schriftsprache in der **Computerwelt** anrichten. Wir brauchen dann beispielsweise mehrere Versionen von Rechtschreibprüfprogrammen, und wir wissen nicht mehr, wie wir in einer Datenbank nach einem bestimmten Wort suchen sollen, weil wir nicht mehr wissen, in welcher Schreibweise es dort abgelegt ist. Wie füttern wir beispielsweise eine Internet-Suchmaschine oder irgendeine Datenbank, wenn wir Informationen zum Haßstätter Schloß suchen? Mit:

Haßstätter Schloß, oder
Hassstätter Schloss, oder
Hass-Stätter Schloss?

<u>Dürfen</u> wir **Eigennamen** überhaupt anders schreiben als bisher?

Wie lösen wir in Zukunft die **Kreuzworträtsel**? Da kriegen wir ja nicht nur Probleme mit den Alternativschreibungen, sondern wir müssen als Weltneuheit das **Leerzeichen** einführen:

„senkr.: ... 43. anderes Wort für nicht verheiratet, 45. ...“

[43] a l l e i n   s t e h e n d

Außerdem ist die Fragestellung nicht mehr korrekt: Es müßte lauten: „...andere zwei Wörter für nicht verheiratet“. ☺

Über Redundanzen, Zuverlässigkeit und Steno

Wenn wir in einem Text, in einer *Quelle*, etwas weglassen können, ohne daß Information über den Inhalt verlorengeht, dann sprechen wir von Redundanz, d. h. die Teile, die wir weglassen können, sind „überflüssig" oder *redundant*, d. h. die Information ist ohne diese Teile reproduzierbar.

Natürlich kann man überall und allerorts in unseren Lebensbereichen dieses und jenes weglassen oder abschaffen, z. B. was uns zur Ausübung einer Tätigkeit lästig erscheint. Nur bieten nicht alle Quellen eine **ausreichende Redundanz** an. Man kann beispielsweise die Regel über das Anzeigen des Fahrtrichtungswechsels im Straßenverkehr einsparen, was ja heute sowieso gerade in Mode kommt. Der Nichtblinker, der nichts anderes ist als faul oder der einfach nur „dagegen" oder „in" sein will, zwingt andere Verkehrsteilnehmer, sich die Information bezüglich seiner Fahrmanöver über Umwege zu besorgen, beispielsweise über die Vermutung (nicht die Überzeugung!), daß jemand, der in einer rechten Spur hält, immer und grundsätzlich nach rechts abbiegen will. Wenn der andere Verkehrsteilnehmer aber nicht sieht, daß der Nichtblinker in einer Rechtsspur steht, wird die Interpretation lauten: „Der fährt geradeaus." Der Vorgang des Rechtsabbiegens birgt also gefährlich wenig Redundanz: Man sollte die Regel des Blinkens nicht abschaffen, denn in der Praxis dient sie der **Transformation** der Information des Fahrers 1 „Ich biege rechts ab" in den visuellen Bereich (blink-blink) und von dort aus wieder zurück in den Gedankenbereich des Fahrers 2: „Der biegt rechts ab".

Ähnlich verhält es sich mit unserem Thema: Wenn sich eine Sprachgemeinschaft auf schriftliche Weise miteinander verständigen will, muß sie versuchen, eine **möglichst verlustfreie Transformation** in den Schriftbereich (das Schreiben) und Rücktransformation in den Gedankenbereich (das

Lesen) zu erreichen. Von der **Qualität** der **Transformations-regeln** ist es nun ganz entscheidend abhängig, ob der Leser das Anliegen des Schreibenden richtig und ohne Umwege interpretiert. Sehr vereinfacht gesagt sind Transformationsregeln alles das, was im Duden steht, auch die einzelnen Wörter.

Ein beliebiger Leser kann den Satz

„Der Vater empfahl dem Lehrer nicht zu widersprechen."

nur dann richtig interpretieren, wenn er sich darauf **verlassen** kann, daß dieser vom Schreibenden nach eindeutigen, allerorts bekannten Kommaregeln in den Schriftbereich transformiert worden ist. In unserem Beispiel (vgl. auch S. 38) will uns der Schreibende mitteilen, daß es gar keine Empfehlung seitens des Vaters an den Lehrer gab (hoffentlich!). Man darf sich vor *zu* ein Komma denken (Man darf es sogar setzen!). Hat der Leser aber Kenntnis darüber, daß der Schreiber nach „Neuschrieb" schreibt, kann er diesem Satz **keine eindeutige Information** abgewinnen.

Dieses **Sich-darauf-verlassen-können** ist wichtig! Und genau diese **Zuverlässigkeit** nimmt uns die Reform, indem sie u. a. das Setzen der Kommata nicht mehr reglementiert und damit eine ganz wichtige Transformationsregel beseitigt! Die Reform setzt in unserer Schriftsprache Redundanzen voraus, die in Wirklichkeit nicht da sind.

Viele Reformer wollen ja sogar die Großschreibung von Substantiven abschaffen. Natürlich würde dadurch das elementare Schreiben einfacher, aber die Information darüber, was das Geschriebene bedeutet, muß sich der Leser dann u. U. aus dem Kontext heraussuchen. Erstens ist das umständlich, denn die Großschreibung ist eine nützliche **Lesehilfe**, und zweitens gibt es nicht immer einen Kontext.

Unsere *artikulierte* Sprache besitzt einen vergleichsweise hohen Grad an Redundanz. Allein die Laute aus dem Munde eines Kleinstkindes „hamm hamm" genügen, um den Eltern die Information zu geben: Ich habe Hunger. Beim Schreiben dagegen haben wir nur sehr begrenzte Möglichkeiten, beispielsweise eine Verwunderung auszudrücken, ein Wort zu betonen, Wut, Freude oder Trauer herüberzubringen. Um dies zu umgehen, haben wir uns über Jahrhunderte hinweg Hilfsmittel in Form von Satzzeichen und Regeln geschaffen. Das Heben der Stimme können wir durch ein Fragezeichen kenntlich machen, die Befehlsstimme durch ein Ausrufezeichen. Ironische Bemerkungen lassen sich durch Gänsefüßchen kennzeichnen. Substantive und Eigennamen werden durch ihre Großschreibung rasch „enttarnt" und als solche schnell wiedererkannt.

Unsere *Schrift*sprache hingegen ist weitaus anfälliger bezüglich ihrer Redundanz. Alle Satzzeichen, Großschreibungen und Regeln, die sich über Jahrhunderte entwickelt und bewährt haben, sind wichtig und dürfen nicht beseitigt werden. Wenn wir „hamm hamm" irgendwo lesen, benötigen wir sicherlich irgendeinen Kontext, um zu erkennen, daß da jemand Hunger hat.

Das folgende Beispiel soll die Redundanz unserer Schriftsprache verdeutlichen:

„Ich habe Hunger."

Die Information darüber, daß ich hungrig bin, geht nicht verloren, wenn ich statt *habe* nur *hab* schreibe. Die Information bleibt sogar dann erhalten, wenn ich *Hunnger* schreibe. Insofern entsteht natürlich kein unmittelbarer Schaden, wenn das *Känguruh* sein *h* verliert. „Ich Hunger" ginge auch noch. Aber viel mehr an Redundanz ist nicht drin in diesem Satz. Grundsätzlich gilt:

- Je mehr wir beim Schreiben weglassen und vereinfachen, um so mehr müssen wir uns beim Lesen anstrengen.

Warum einigen wir uns in unserem Vereinfachungswahn eigentlich nicht auf die **Stenographie**? Das ist doch die Schriftsprache mit der großzügigsten Schreibvereinfachung und damit *die* geniale Schrift schlechthin: Es gibt weder Großschreibung noch eine Kennzeichnungspflicht für Doppellaute. Und wenn man mit den hier geltenden Buchstaben und Kürzeln nicht auskommt, darf man sich sogar eigene Schriftzüge ausdenken. Nicht zuletzt kann man in Steno sehr schnell schreiben, und für diesen Zweck ist diese Schriftform ja auch erfunden worden.

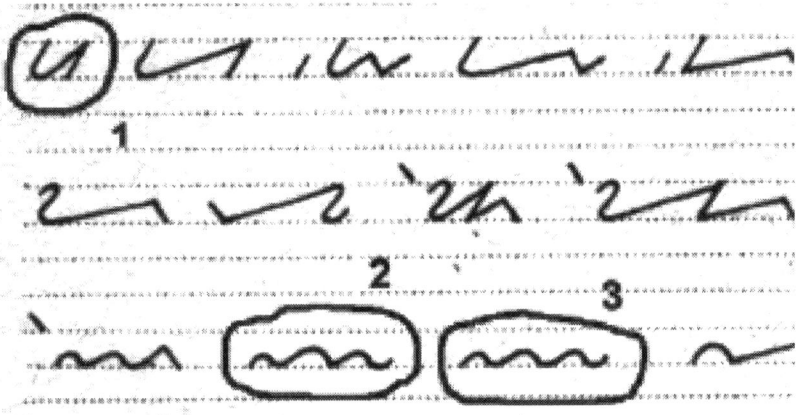

Leider hat Steno die Eigenschaft, ein sehr schlechtes Transformationsmittel zu sein. Denn auf Grund der vereinfachten Regeln beim Schreiben besitzt Steno einen hohen Grad an Interpretationsmöglichkeiten. Steno lebt nicht unwesentlich vom Kontext. Das abgebildete Beispiel 1 kann sowohl *Beet* als auch *Bett* heißen, und wenn man den Schreibstil oder die unvermeidbare „Sauklaue" des Schreibenden nicht als Vergleich hat oder wenn keine Führungslinien existieren, ist sogar *Boot* oder *Bit* möglich. Übrigens bedeuten diese beiden kleinen Schlangenlinien, die sich für Ungeübte beinahe nicht voneinander unterscheiden, jeweils *necken (2)* und n*ennen* (3). Noch Fragen?

Eine solide Grundlage

Wer ein Wort schreiben will, muß es kennen. Und wer nicht weiß, wie er das ihm unbekannte Wort schreiben muß, für den ist es weiß Gott keine Schande, wenn er jemanden fragt oder ein Fachbuch zu Rate zieht. Wozu gibt es die **Nachschlage-werke**?!

Mir hat es in der Schule immer Spaß gemacht, schwierige Wörter an die Tafel zu schreiben. Das ging aber nur, weil ich als Kind schon viele Wörter kannte. Und warum kannte ich viele Wörter? Weil ich damals schon viel gelesen hatte. Kannte ich ein Wort noch nicht, habe ich mich auch nicht gemeldet. Entscheidend sind die Allgemeinbildung, der Ehrgeiz und die Neugier. Und wer den *Thunfisch* irgendwann zum ersten Mal kennengelernt hat, wird dessen Schreibweise akzeptieren und ein Leben lang nicht mehr vergessen - und dieses Tierchen auch nicht mehr anders schreiben wollen!

Im übrigen wird vergessen, mehr oder weniger auch mit Absicht, daß es für eine Reihe Wörter ja auch deutsche Entsprechungen gibt. Und wer das schwierige Wort *hard disk* nicht schreiben kann und zum Nachschlagen zu fein ist, der soll doch bitteschön den anerkannten **deutschen Fachbegriff** *Festplatte* schreiben.

Amerikanismen boomen. Zugegeben, manchmal wird es schwierig: *Inline-skates*, das ist für viele schon fast deutsch, weil man es schlecht deutsch ausdrücken kann. An sich sind es ganz normale Rollschuhe, und die hatten früher parallele Rollen und sind heute gerade nicht "in". Mit *inline-skates* meinen wir allerdings spezielle Rollschuhe, deren Rollen in einer Linie angeordnet sind (engl.: inline). Gut, auch hier wäre es fraglich, ob wir was Gutes tun, wenn wir in Zukunft

„Inlein-Skehts"

schreiben müßten. Aber wir sagen heute nach wie vor *Kühlschrank*, weil nämlich das englische Wort *refrigerator* wegen seiner komplizierten Aussprache **kaum werbefähig** und nicht deutsch-tauglich wäre. Aber wir sagen heute *toolbox* statt *Werkzeugkiste*, weil es eben "in" ist und weil es sich gut sprechen läßt, auch wenn viele nicht von vornherein wissen, wie man dieses Wort eigentlich schreibt. Dagegen lernt jeder recht früh, für Kleinstkinder den Begriff *Baby* zu benutzen.

Ich will damit andeuten, daß eine **solide Allgemeinbildung** und Weltoffenheit ganz entscheidende Voraussetzungen sind für die Fähigkeit des Schreibens und die Akzeptanz einer Schreibweise. Hierzu gehört insbesondere das Lesen. Denn wenn man etwas kennt, ergibt sich alles andere meist von selbst. Wenn ich weiß, woher der Begriff *inline-skates* stammt und wenn ich der Quellsprache kundig bin, kann ich dieses Wort sofort schreiben. Dann brauche ich keine besonderen Regeln mit irgendwelchen Bindestrichen, Zusammen- oder Getrenntschreibung.

Die neue Schreibung in Beruf und Karriere

Mir kann keiner weismachen, daß die sogenannte Rechtschreibreform die Chancen für den Einstieg in ein Arbeitsverhältnis erhöht. In welchem **Bewerbungsschreiben** steht das Wort *Tolpatsch*? Wenn sich ein Personalchef mehrfach durch ein fehlendes Komma gestört fühlt, wird er das Anschreiben wohl beiseite legen, auch wenn es nach den neuen Regeln korrekt ist.

Inzwischen bewerben sich Schreibkräfte immer häufiger mit dem Hinweis, daß sie der neuen Schreibung kundig sind und meinen, damit für sich und den Arbeitgeber etwas Gutes zu tun. Hiervor kann ich beide Seiten nur warnen! Das Wissen um einen *„Fluss"* statt *Fluß* macht noch lange keinen guten Schreiber aus! Die deutsche Schriftsprache hat **weitaus mehr Eigenheiten**, als eine Reform jemals abfangen könnte. Stilvolles und fehlerfreies Schreiben will gelernt sein, daran ändern weder *„dass"* noch *„A-bend"* etwas.

Oft wird behauptet, daß die neuen Regelungen ja nur die schulischen, behördlichen oder Medienbereiche beträfen. Die Praxis sieht jedoch anders aus: Da die Kollegen um mich herum ja auch nach dem 1. August 1999 Zeitung lesen, taucht auch in unserem industrieorientieren Unternehmen die durchaus berechtigte Frage auf: Sollen wir jetzt nach den neuen Regeln schreiben? Ich persönlich werde zunehmend mit folgenden Problemstellungen konfrontiert:

- Muß ich Texte, die in Neuschrieb verfaßt sind, unterschreiben?

- Kann ich jemanden zwingen, meine in klassischer Schreibweise verfaßten Texte zu unterschreiben?

- Kann ich jemanden zwingen, in klassischer Schreibweise zu schreiben?

Es heißt, unsere firmeneigene Zeitung werde sicher irgendwann auf Neuschrieb umstellen „müssen", um vor dem Wettbewerb und vor dem Kunden nicht als **rückschrittlich** dazustehen. Nun ist bekanntermaßen nicht alles, was alt ist, auch rückschrittlich. Aber wem soll ich das wie erklären?

Kein klassischer Industriebetrieb wird seinen Umsatz steigern, wenn er die neuen Regeln anwendet. Aber er wird u. U. **enorm hohe Aufwendungen** für die Umstellung des firmeneigenen Schrifttums bezahlen müssen. Und die Regeln werden sich noch **oft ändern**!

Niemand ist rechtlich gezwungen, in Neuschrieb zu schreiben! Das ist die klare Aussage des Bundesverfassungsgerichts vom 14. Juli 1998 (siehe weiter unten: „Die Gerichte entscheiden"). Alle Institutionen, die jetzt umgestellt haben, haben sich diesen Zwang selbst auferlegt. Kein Gericht hat die Nachrichtenagenturen gezwungen, auf Neuschrieb umzustellen! Es heult sich leicht mit den Wölfen.

Die verheerenden Auswirkungen

... spielen sich stillschweigend im Hintergrund ab und werden von der Öffentlichkeit kaum bemerkt. Bereits vor Inkrafttreten der Reform für Schulen und Behörden haben viele Schul- und Kinderbuchverlage auf die neue Schreibung umgestellt und dabei äußerst anmaßende Eingriffe in bestehende literarische Werke verübt. Neben den meist sofort ins Auge springenden *ss*-Korrekturen befleißigen sich die Schulbuchverlage offenbar primär im Weglassen von Satzzeichen, wohl um die **Fortschrittlichkeit des Verlages** zu zeigen und um auf diese billige Weise am **Markt** zu bleiben. Hierzu führt [20] ein Beispiel vor:

"Sie haben einen Hohen Rat einberufen und der hat entschieden geheime Botschafter in alle Himmelsrichtungen zu schikken."

So lesen wir es im "Wunschpunsch" von Michael Ende, Thienemanns Verlag. Hier fehlen plötzlich zwei Kommas, und es liest sich nicht mehr!

Kommen wir denn damit dem Kind entgegen, welches als Leseanfänger sowieso schon genug Mühe hat?

Allein die Liberalisierung der Zeichensetzung sorgt für schwerwiegende Entstellungen von Texten. [20] führt hierzu eine Vielzahl von Beispielen an, die ich unmöglich alle wiedergeben kann. Die rigorose und teilweise überzogene Übertragung der neuen Schreibung auf bestehende Literatur versetzt einen Autor wie Thomas Mann "... in die Klasse der Anfänger oder Stümper, denen man eine differenzierte Kommasetzung nicht zumuten möchte". An Beispielen, die sich auf so einfache Weise finden lassen, läßt sich "zeigen, daß die Umsetzung der Rechtschreibreform in den Schulbüchern eine beispiellose intellektuelle und ästhetische Verwüstung nach sich zieht" [9].

Bernd Jedamzik, examinierter Physikstudent der Universität Hannover, distanziert sich von seinem Buch "Blickpunkt Physik 10, Lösungen" mit den Worten: "Entschuldigung. - Kaufen Sie dieses Buch nicht! Als einer der beiden Autoren möchte ich mich öffentlich für dieses Werk entschuldigen und distanziere mich ausdrücklich von der in ihm verwendeten

reformierten Rechtschreibung und Zeichensetzung, für die der Verlag und die jeweiligen Kultusminister die Verantwortung tragen." [21]

Besonders traurig für mich ist die Tatsache, daß die Bildungsverbände diese unverantwortlichen Reforminhalte mittragen. Dabei standen Mitte 1998 den ca. 800.000 gesammelten Unterschriften der Reformgegner lediglich ca. 12.000 Unterschriften der Befürworter gegenüber [20]. Dieses Verhältnis hat sich bis heute deutlich zugunsten der Reformgegner verschoben.

Und es ist doch fast ein Verbrechen, wenn ausgerechnet Kinder, also Schreibanfänger, die neue Suppe vorgesetzt bekommen und somit als Testpersonen und Überträger von Minderwissen mißbraucht werden. **Kinder lernen erst einmal alles**, was man ihnen zeigt. Sie sind zunächst unbedarft. Das macht sie kostbar, aber auch verwundbar. Woher sollen sie wissen, daß es viel bessere, klarere Möglichkeiten des Schreibens gibt?

Ich will hier an [20] anknüpfen und zustimmen, daß die Schüler ja nicht für die Schule, sondern für **das Leben außerhalb der Schule** lernen, und da hat unsere Gesellschaft die Pflicht, sie darauf nach bestem Wissen und Gewissen vorzubereiten. Ab dem Schuljahr 1997/1998 jedoch wird den Schülern die heute gültige Rechtschreibung vorsätzlich vorenthalten, offenbar damit der Staat die Regelungen allgemein erzwingen kann! Das ist eine Schande!

Für den Erstkläßler ist die Neuregelung sowieso völlig bedeutungslos, da bis auf das "ss" kaum Änderungen relevant sind. In höheren Klassen lernen sie dann die "falschen Regeln", und um so verheerender dürfte sich das in einigen Jahren auswirken, wenn sich dieser Schwachsinn dann durchsetzt.

Die Abschaffung der negativen ganzen Zahlen

Stichwort *bedeutungslos*: Ich werde oft auf eine gewisse Bedeutungslosigkeit der Reforminhalte im Hinblick auf deren Auswirkungen angesprochen, z. B. in folgender Weise: „Schauen Sie, hier sind zwei Texte. Der eine ist nach den neuen Regeln, der andere nach den bisher gültigen Regeln verfaßt. Merken Sie einen Unterschied?"

Natürlich merke ich dann *keinen* Unterschied. Der Frager will mir damit stolz verdeutlichen, daß die Reform ja lediglich null-komma-null-irgendwas Prozent unseres Wortschatzes betreffe und man sich darüber nicht aufregen solle.

Mal abgesehen davon, daß sich Texte natürlich immer so aufbereiten lassen, daß sie beiden Schreibungen gerecht werden, halte ich diese Mogelfrage für sehr unseriös, da sie verfänglich ist. Zunächst ergeben sich aber zwei Gegenfragen:

- Wozu brauchen wir dann diesen Aufwand mit der Reform?

- Wieso lassen sich die Deutschnoten spürbar verbessern, wenn nur ein solch winziger Anteil an Schrifttum von den Änderungen betroffen ist?

Stellen wir uns doch einmal vor, irgendeine Kommission beschließe heute die Abschaffung der negativen ganzen Zahlen (-1, -2, -3, ...), weil diese vorzeichenbehafteten Auswüchse der Mathematik den Schülern in der heutigen Zeit nicht länger zugemutet werden könnten und weil beim Rechnen zu viele Fehler gemacht würden, demzufolge die Schüler immer schlechtere Noten bekämen und sie ihre Karrierechancen in Gefahr sähen. Wären wir dann trotz dieser Verordnung noch in der Lage, die Aufgabe

$$2765 + 28767$$

zu lösen? ☺

Die Reformer nutzen hier schamlos die Tatsache aus, daß ein Großteil der Bevölkerung keinen blassen Schimmer von den weitergehenden Inhalten der Reform hat. Wenn mir als „unbedarftem" Trinker ein Weinkenner glaubwürdig versichert, in diesem Wein seien nur 0,08% Alkohol, dann glaube ich ihm das sofort. Daß ich aber nach drei Gläsern wegen eines Produktionsfehlers wahrscheinlich kotzen werde, hat er mir vorher absichtlich nicht verraten.

Nun haben wir also drei Rechtschreibungen

... seit dem 1. August 1999:

(1) Die klassische Schreibung: Sie gilt nach wie vor, wird aber in fast allen Schulen nicht mehr gelehrt und in Ämtern offiziell nicht mehr angewendet.

(2) Die „reformierte" Schreibung: Sie gilt seit einiger Zeit in Schulen und Ämtern und ist in diversen Veröffentlichungen und Nachschlagewerken höchst widersprüchlich dokumentiert.

(3) Die Schreibung der Nachrichtenagenturen: Sie orientiert sich im wesentlichen an der neuen, „reformierten" Schreibung, wobei sich einige Zeitungsverlage diverse Ausnahmen einräumen.

So kündigten beispielsweise die Badischen Neuesten Nachrichten (BNN) vom 1. August 1999 die Umstellung auf Neuschrieb unter der Überschrift

„An diesem Wochenende verliert das alte Känguruh sein 'H'"

mit folgenden **Ausnahmen** an:

- Die Ziffern 1 bis 12 werden nach wie vor als Wort geschrieben.

- Fremdwörter aus lebenden Sprachen werden nicht eingedeutscht (z. B. Ketchup, Spaghetti)

- Dreitonner, achtjährig u. ä. Wörter werden nach wie vor ohne Bindestrich geschrieben.

- Das Ohmsche Gesetz u. ä. Eigennamen werden auch weiterhin groß geschrieben.

- Die vertrauten Anredepronomen werden auch zukünftig groß geschrieben.

- Die alten Trennregeln am Zeilenende werden beibehalten.

- Die alten Kommaregeln werden beibehalten (siehe unten).

n wie folgt schreiben:

   (1) Zusammensetzungen aus Substantiven werden mit Bindestrich geschrieben: beide Komponenten beginnen mit Versalien.

   Beispiele: Cash-Flow, Centre-Court, Full-Time-Job, Job-Sharing, Jumbo-Jet, Science-Fiction, Sex-Appeal, Tie-Break, Shopping-Centre.

   (2) In einem Wort (und versal) werden Begriffe wie im Englischen geschrieben, deren zweite Komponente ein Adverb ist.

   Beispiele: Blackout, Comeback, Countdown, Knockout, Layout, Playback etc.

   Ausnahmen: Go-in, Know-how, Make-up, Turnaround.

   (3) Verbindungen aus Adjektiv und Substantiv werden getrennt und beide versal geschrieben.

   Beispiele: Joint Venture, Common Sense, Corned Beef, Fair Play, Fast Food, Happy End, Hot Dog, Small Talk, Soft Drink.

D. Groß- und Kleinschreibung

Das Chaos der Ausnahmen bei den Anglizismen kann ich hier beim besten Willen nicht wiedergeben, und das kann sich sowieso niemand merken. Erklären Sie mal einem Schreibschwachen, was ein *Adverb* ist oder was *versal* bedeutet (siehe vorherige Abb.)!

Die für mich bedeutendste Ausnahme, die die BNN ab 1. August 1999 machen wird, will ich wörtlich wiedergeben:

„Die Agenturen bleiben bei der **alten Form der Zeichensetzung**, um die **Lesbarkeit ihrer Nachrichten**, insbesondere für ihre Kunden aus dem Audio-Bereich, zu gewährleisten."

Na also. Wozu brauchen wir neue Regeln, wenn nicht einmal die Nachrichtenagenturen etwas damit anfangen können?

Die in Karlsruhe erscheinende „Zeitung zum Sonntag" kündet die Umstellung auf Neuschrieb gezwungenermaßen, aber nicht ohne Stolz wie nebenstehend an.

Na, sieht das nicht nett aus? Für mich als weiter vorn zwangsdefiniertem „Normalbürger" sind in diesem Text mindestens sechs

IN EIGENER SACHE

Ein Muss ...

... sind für die *Zeitung zum Sonntag* von heute an die Vorgaben der Rechtschreibreform. Um die zwingenden Regeln kommen wir nicht herum, so dass es zum Beispiel auf den Reise-Seiten Tipps für einen Trip zu den Hawaiiinseln geben kann. Niemals aber werden wir die Logik der Sprache außer Acht lassen, und damit hier kein Missverständnis auftritt: Wir werden die Reform im Übrigen maßvoll handhaben, Fremdwörter nicht unnötig eindeutschen und die Kommas weiter so platzieren, dass sie die Sätze vernünftig gliedern. Dies möge, fürs Erste, genügen. Und nun: Weiterlesen!

krasse Fehler enthalten! Warum eigentlich nicht „*Tripp*" (wie „*Tipp*") statt *Trip*? Der Redakteur hätte die *Hawaiiinseln* mit Bindestrich schreiben dürfen. Aber er wollte uns sicherlich beeindrucken.

Gleich *zwei* **Schreibungen in** *einer* **Zeitung** bietet der „Sonntag" an, der auch in der „Stadt des Rechts" erscheint:

Neue Schreibweise

Ab heute halten sich die Nachrichten-agenturen und damit auch der SONNTAG weitgehend an die Regelungen der Recht-schreibreform. Da die Agenturen die Re-form jedoch nicht vollständig umsetzen, behält die Seite „Sonntagskinder" eine Aus-nahme-Stellung. Weil wir unsere jungen Le-ser nicht durch andere Schreibweisen als in den Schulbüchern verwirren wollen, wird sich die Orthografie der Kinderseite weiter-hin von der der übrigen Sonntagsseiten ge-ringfügig unterscheiden. SO

Auch wenn die Regeln Unsinn sind,
sind sie gut genug für's Sonntagskind. ☺

Und alles, was sich reimt, ist gut, würde Pumuckl sagen. Man beachte übrigens das „Sonntags-Deutsch" im 1. Satz: „Ab heute halten sich ... der Sonntag...", Hui!

Fördert dieser Unfug etwa die Einheit der deutschen Schriftsprache? Allein die oben genannten Punkte stellen das ganze Reformwerk ins Abseits!

Im übrigen werden **nicht alle Zeitungsverlage auf Neuschrieb** umstellen. Als Beispiel will ich den „Eulenspiegel", die bekannte Satire-Zeitschrift aus Berlin, zitieren:

„Die neue Rechtschreibreform zum Beispiel geht uns, auf gut deutsch gesagt, am Arsch vorbei. Nur jeder sechste Bürger, so wurde ermittelt, will sich an die halbgaren neuen Regeln halten. Wir haben nachgezählt: Wir sind nicht der sechste, sondern - wie zu erwarten war - der erste. Folglich werden wir uns an dem Versuch, auch noch den letzten Legastheniker in den Stand des Schriftgelehrten zu erheben, nicht beteiligen. Außerdem fehlt uns gerade das Kleingeld für einen neuen Duden." [22]

Danke, liebe „Eule"!

"Ihre Zuschrift können wir leider nicht drucken..."

Immer mehr **Zeitungsverlage weigern sich**, Leserbriefe zu drucken, die gegen die Rechtschreibreform argumentieren. Ich habe dies bei meiner Regionalzeitung, den Badischen Neuesten Nachrichten, ausprobiert und das hier abgedruckte Schreiben zurückerhalten, welches ich nicht kommentieren möchte:

Sehr geehrter Dr. Langhans,

Ihren Brief vom 2. August habe ich erhalten. Leider bin ich mit Ihrer Argumentation nicht einverstanden. Sie machen uns für die Auswüchse der Rechtschreibreform verantwortlich, obwohl wir daran überhaupt nicht schuld sind. Denken Sie denn, mir macht es Spaß, plötzlich wegen beruflicher Zwänge meine Schreibweise ändern zu müssen? Als Ingenieur sind Sie von dieser Reform nicht so betroffen wie die Journalisten. Sie können weiter in der alten Schreibweise Ihren Schriftverkehr abwickeln, ohne dass Sie jemand dazu zwingt, nun „im Voraus" groß zu schreiben. Wir haben diese Freiheit nicht, weil wir uns nach den Agenturen richten müssen, die einfach am 1. August alle ihre Programme umgestellt haben. Im Übrigen überschätzen Sie die Macht der schreibenden Zunft. Trotz vieler Proteste haben die Kultusminister in allen Instanzen Recht bekommen. Mehrere Klagen gegen die Rechtschreibung sind dann vom Bundesverfassungsgericht zurückgewiesen worden. Genau genommen müssten Sie sich beim BVG beschweren. Ihr Schreiben können wir leider nicht abdrucken, da wir gehalten sind, nur Leserbriefe mit einem lokalen Bezug zu veröffentlichen. Dies ist eine Entscheidung des Verlages. Ich bitte Sie um Verständnis für diese Regelung.

Mit freundlichen Grüßen
BADISCHE NEUESTE NACHRICHTEN

Dr. Udo Stark

"Seit dem 1. August 1998 verbindlich!"

Mit diesem Slogan werben zunehmend Firmen, die sich damit befassen, das Erlernen der neuen Schreibung in **Trainingsseminaren** anzubieten. Bekanntlich läßt sich durch das Abhalten von Weiterbildungsmaßnahmen und Umschulungen viel Geld verdienen, da scheut

Seit dem
1. August 1998
verbindlich!

man auch nicht davor zurück, seine potentiellen Kunden zu belügen: Im Zusammenhang mit der Rechtschreibreform ist dieser Slogan schlicht falsch!

- Niemand <u>muß</u> die neue Schreibung anwenden!

Selbst an den Schulen gelten bezüglich der Benotung übergangsweise Kulanzregelungen.

IMW, das „Bildungsinstitut der Mittelständischen Wirtschaft" beispielsweise, schafft dieses Umlernen mit Hilfe der Dozenten der Gesellschaft für deutsche Sprache e. V. (GfdS), Wiesbaden, an einem einzigen Tag und verlangt dafür pro Teilnehmer eine ordentliche dreistellige Summe (DM).

Bemerkenswert für mich ist der Nutzen, den ein Unternehmen mit der Schulung seiner Mitarbeiter beim IMW dabei erzielen könne [23]:

DER NUTZEN FÜR IHR UNTERNEHMEN:

✓ Sie sind Mitarbeiter eines zukunftsorientierten Unternehmens und möchten nicht veraltet kommunizieren!

✓ Sie möchten die neue Rechtschreibung beherrschen!

✓ Sie möchten die Qualität der Unternehmenskommunikation verbessern!

✓ Sie möchten den zeitgemäßen und einfacheren Sprachgebrauch für Ihr Unternehmen nutzbar machen!

✓ Sie möchten die Umsetzung der Neuregelung in Ihrem Unternehmen unterstützen!

Natürlich schläft auch die Software-Branche nicht. So bietet beispielsweise die Firma CLT Sprachtechnologie GmbH, Saarbrücken, das professionelle **Konversionstool** Corrigo an, welches Texte von der klassischen in die neue Schreibung konvertiert [24]. In künftigen Programmversionen ist sogar eine **Rückkonvertierung** in die klassische Schreibung vorgesehen. Vielleicht wird das tatsächlich bald ein Renner!

Nun wird es sicher nicht allzu kompliziert sein, aus einem *daß* ein *dass* zu machen. Aber wie sollen die enormen *grammatikalischen* Korrekturen vorgenommen werden? Wie geht ein solches Programm mit der Kommasetzung um? Werden die Kommata einfach gelöscht? Wie geht es mit Eigennamen um? Und wie erkennt ein Konvertierungsprogramm einen Satzaufbau oder einen Kontext? Wie erkennt das Programm beispielsweise, ob *frisch gebacken* oder *frischgebacken* geschrieben werden muß, *schwer beschädigt* oder *schwerbeschädigt*, *wohl verdient* oder *wohlverdient*? *Im Übrigen* oder die *im übrigen* (... Teil)?

Die Software bietet hier offenbar Ansätze: Corrigo besitzt die Möglichkeit der morphologischen Zerlegung. So sagt es die Firmenschrift. Damit könnten Korrekturen auch in beliebig langen zusammengesetzten Wörtern durchgeführt werden. Außerdem beziehe das Programm den Kontext in die Analyse mit ein, wodurch die weitgehende Erfassung von Groß- und Kleinschreibungsfällen möglich sei und sogar die Korrektur in der Zeichensetzung. Es ließe sich einstellen, wie „stark" die neuen Regeln greifen sollen.

Damit könnte man sich sozusagen **seine eigene Rechtschreibung** einrichten, so wie es uns ja die Nachrichtenagenturen und Zeitungen vormachen. Nur dort, wo es ganz schwierig wird, setzt Corrigo Markierungen, damit der Benutzer selbst die von ihm gewünschte Entscheidung treffen kann [24]. So richtig zaubern kann eben niemand. Und eine Rückkonvertierung in die klassische Schreibweise dürfte in besonderen Fällen unmöglich sein, nämlich dann, wenn bei der ursprünglichen Konvertierung in Neuschrieb Informationen verloren gingen. Das Programm kann nicht wissen, ob es aus *wieder entdecken* das Wort *wiederentdecken* machen darf. Die Frage bleibt, ob die mit Neuschrieb heranwachsenden Menschen eine solche Feinheit später überhaupt selbst noch erkennen werden...

Die Gerichte entscheiden

... übrigens nicht, wie oft in den Medien suggeriert wird, über Sinn oder Unsinn von Reformen, sondern bestenfalls über die Betroffenheit einzelner oder von Gruppen. So heißt es beispielsweise im Urteil des Bundesverfassungsgerichtes vom 14. Juli 1998:

„Soweit dieser Regelung rechtliche Verbindlichkeit zukommt, ist diese auf den Bereich der Schulen beschränkt. Personen außerhalb dieses Bereiches sind rechtlich nicht gehalten, die neuen <u>Rechtschreibregeln zu beachten</u> und die reformierte Schreibung zu verwenden. <u>Sie sind vielmehr frei, wie bisher zu schreiben.</u> ... Es ist unter diesen Umständen nicht erkennbar, inwieweit durch die Neuregelung der deutschen Rechtschreibung Grundrechte derjenigen, die ihrer Schreibung die alten Regeln und Schreibungen zugrunde legen wollen, beeinträchtigt werden können."

Das ist gut gesagt und klingt zunächst einleuchtend, trifft aber nicht den Kern der Sache. Selbstverständlich kann ich aus rechtlicher Sicht schreiben, wie ich will (es sei denn, ich gehe in die Schule, bin Beamter oder Nachrichtenredakteur). Das ist ja auch stets ein Argument der Reformer. Mal abgesehen davon, daß es dann aber trotzdem eine **Diskrepanz** zwischen der Lehrmeinung und dem nichtschulischen Bereich gibt, was an sich schon absurd ist, vergißt dieses Urteil völlig eine ganz wichtige betroffene Gruppe, nämlich die der **Leser**! Als Leser muß ich in jedem Falle <u>Rechtschreibregeln beachten</u>, denn ich werde ja unmittelbar damit konfrontiert!

Vielleicht werden die Klagen vor den Gerichten nicht in diesem Sinne formuliert. Aber ich persönlich fühle mich durchaus genötigt, wenn ich mit einer Wut im Bauch in die **Kinderbuchabteilungen** gehe, wunderschöne Kinderbücher sehe, die ich vielleicht gern kaufen und verschenken möchte, und wenn ich letztendlich doch vom Kauf Abstand nehme. Ich sehe mich auch genötigt, wenn ich Komma-getilgte Artikel in Zeitschriften, Anschreiben, Briefen o. ä. lesen muß.

Es gehörte schon immer eine gehörige Portion Mut dazu, als einzelner das Richtige zu tun, wenn alle anderen das Falsche längst zum Gesetz erhoben hatten: Schleswig-Holstein hatte diesen Mut. Der Ausgang des Volksentscheids vom 27. September 1998 zur „Rechtschreibreform" verdient Respekt. Die Reformer sprechen davon, daß damit ein Schreibchaos entstanden sei. Da gebe ich ihnen recht. Die Frage ist nur, wer es verzapft hat. Das **Kuriosum, daß die Sache des Schreibens in den Hoheiten der einzelnen Bundesländern** liegt, hat nun ganz legitim zur Folge, daß ein einziges Bundesland ausscheren und nun „anders" als alle anderen Bundesländer schreiben darf, ganz zu schweigen vom deutschsprachigen Ausland. Ohne Reform gäbe es kein solches Chaos. Der Vollständigkeit halber muß an dieser Stelle erwähnt werden, daß dieser Volksentscheid Monate später mit zweifelhaften juristischen Tricks des Kultusministeriums „außer kraft gesetzt" wurde.

Warum sind die Berliner eigentlich nicht frech genug, ihre eigene Schriftsprache einzubringen?

„Wat, ick? Nee, det Buch is nich mir. Det kannste mich nich antun!"

Kleines Fazit

"Ich habe nichts dagegen, wenn im Frieden Schwachköpfe in den hohen Ämtern sitzen. Aber im Krieg sollte man zum Kriegsminister nur einen Mann bestellen, der eine Landkarte von einem Teppichmuster unterscheiden kann."

Lion Feuchtwanger, aus: „Füchse im Weinberg"

Bis auf wenige Ausnahmen, die tiefergehend untersucht werden müßten, bringt die Reform weder Transparenz noch Einfachheit in Rechtschreibung und Grammatik. Eher ist sie nutzlos, inkonsequent, undurchsichtig, verwirrend und birgt die Gefahr großer Unsicherheit und neuer Fehlerquellen. Darüber hinaus

- bewirkt sie eine akute Verkomplizierung der Satzverständlichkeit und der Lesbarkeit bis hin zur Fehlinterpretation des Geschriebenen

- ergeben sich erhebliche Einschränkungen in der Ausdrucksvielfalt unserer Schriftsprache, und bestimmte Inhalte können über die schriftliche Kommunikationsform gar nicht mehr übermittelt werden, weil Wörter verschwinden

- entstehen künstlich neue Wörter, die es eigentlich gar nicht gibt, beispielsweise Wechte

- zerstört sie die schriftsprachliche Einheit, und ganze Generationen werden mit unterschiedlichen Orthographien aufwachsen und diese weitergeben

- geht teilweise die Information über den Ursprung von Wörtern verloren

- werden Lernaufwand und Verunsicherung sowohl beim Lernenden als auch beim Lehrenden deutlich zunehmen

- steht im Zweifelsfall kein eindeutiges Regelwerk mehr zur Verfügung

- entzieht sich das neue „Regelwerk" im Zweifelsfall seiner Verantwortung für gute Schreibung und verlagert diese noch stärker auf den Schreibenden

- werden Zensuren nicht mehr den wahren Bildungsstand eines Schülers repräsentieren können

- wird die Sprache in ihrer Gesamtheit langweiliger und unästhetischer, und die Neugierde beim Schreiben geht verloren

- erzieht die Reform keinesfalls zur Tugend der Gewissenhaftigkeit, das Schreiben wird schlampiger, gewissenhafte Lehrer geraten u. U. in einen Konflikt mit der übergeordneten Behörde, und es besteht die Gefahr von Autoritäts-Komplikationen im Lehrer-Schüler-Verhältnis,

- wird das Lesen bald keinen Spaß mehr machen.

Wie ich sicherlich deutlich machen konnte, verlangen die reformierten Regeln ein noch höheres Maß an Wissen, Intelligenz und Feingefühl bei der Auswahl von Schreibweisen als die jetzigen. Somit wird dem ach so schützenswerten Schüler eine noch größere Verantwortung zuteil, als die Reformer es eigentlich wollten, denn laut Regelwerk soll der ja in vielen Fällen nun selbst entscheiden, was gut, richtig und verständlich ist. Das Regelwerk selbst drückt sich davor. Drückt sich aber der schreibschwache Schüler (und um den geht es hier ja wohl die ganze Zeit) nun aber auch davor, so entstehen in Zukunft absonderliche Werke der Schreibkunst, die kein vernünftiger Mensch mehr lesen kann und will.

Bekanntlich soll man mit Ausrufezeichen sparsam umgehen. Trotzdem:

- Es kann doch nicht das Ziel einer Reform sein, auf Kosten der Lesbarkeit unserer über Jahrhunderte gewachsenen Sprache Altbewährtes leichtsinnig dem Reißwolf zu übergeben, nur weil einige Leute Fehler beim Schreiben machen!

- Es kann doch nicht angehen, daß eine Minderheit von ernsthaft schreibschwachen Schülern das entscheidende Kriterium für eine Umgestaltung der Schriftsprache darstellt.

- Es kann doch nicht darum gehen, daß Schüler "auf Teufel komm raus" gute Noten erzielen, sondern entscheidend ist doch, daß sie etwas Sinnvolles, Vernünftiges lernen!

- Es darf doch nicht angehen, daß wir den heutigen Kindern und Lernwilligen ihre Fähigkeit zum Erlernen der deutschen Sprache absprechen, sie als lernfaul einstufen, für die Primitives gerade gut genug ist!

- Es kann doch nicht angehen, daß in Zukunft die Noten zu bestimmen haben, wie unser Wissen auszusehen hat, sondern die Noten sind doch ursprünglich lediglich als ein praktisches Handwerkszeug zur Einschätzung einer erbrachten Leistung oder erlernten Wissens geschaffen worden und nicht umgekehrt!

- Es ist unverantwortlich und moralisch nicht vertretbar, daß Millionen Erwachsene im öffentlichen Dienst genötigt werden, falsche und sinnentstellende Schreibgebilde zu fabrizieren.

Offenbar versuchen hier einige Reformer, die Stilblüten ihrer eigenen Schreibschwäche und der unserer Erstkläßler in den Duden zwingen zu wollen. Anstatt daß sich die Reformer und die sich berufen fühlenden Politiker die so wichtige Frage stellen, *warum* denn immer mehr Kinder immer weniger in der Lage sind, richtig zu schreiben und zu formulieren, ja sich überhaupt sprachlich auszudrücken, suchen sie nach Wegen, die lästigen Fehler gewissermaßen zu legalisieren und den Anspruch dieser traurigen Realität anzupassen.

Überall dort, wo beim Schreiben Beliebigkeiten und Varianten zugelassen sind, werden natürlich schon aus rein mathematischer Sicht weniger Fehler auftreten. "Schreibt, wie Ihr wollt!", könnte man das nennen, und wer hier meint, er könne dann aus Fehlerquoten in "reformgerecht" **manipulierten Diktaten** auf die Qualität eines Schülers schließen, dem darf

ich guten Gewissens seine Kompetenz in Sachen Rechtschreibung und Pädagogik absprechen. Den Schaden, den ein solcher Nichtkompetenter damit anrichtet, dürfte sein lernendes
Volk spätestens mit dem Eintritt in ein seriöses Berufsleben
bemerken. Ich bin nur gespannt, wer hier irgendwann einmal
für verantwortungslose Volksverdummung, Geldverschwen-
dung und Zerstörung kultureller Güter zur Verantwortung
gezogen werden wird.

Das neue Regelwerk enthält "... allerlei Firlefanz in Randbe-
reichen, vor allem die ... lächerlichen Volksetymologien, die
das Steckenpferd eines einzigen Reformers waren, nun aber
einer Sprachgemeinschaft von 90 Millionen Menschen aufge-
nötigt werden" [2]. Die Sprache gehört denen, die sie benutzen, und nicht einer selbsternannten Kommission, einem
Kultusminister oder einem Parlament. Die Kultusminister
betonen in ihrer Dresdner Erklärung, daß kein einziges deut-
sches Wort durch die Neureglung verlorengeht. Ich habe anschaulich gezeigt, daß dies falsch ist.

Auch wollen uns die Reformer weismachen, daß die Zulas-
sung von Varianten eine Erleichterung für den Lernenden darstellt. Nur: Wie soll der Lernende (und auch der bereits Aus-
gelernte!) wissen, wann und wo Varianten existieren und zugelassen sind? Spätestens an dieser Stelle dürfte klarwerden,
daß sich der **Lernaufwand** in Zukunft ordentlich erhöhen
statt verringern wird. Wo unterschiedliche Varianten existieren, erwartet der Leser, daß sie auch Verschiedenes bedeuten
(Bréalsches Verteilungsgesetz, [2]). Und das tun sie ja auch.

Ich bedaure den Teil der Lehrerschaft, der Eltern und vieler
anderer, die sich aus ihrem Innersten heraus vorgenommen
haben, den Heranwachsenden ein gutes Maß an Schreibkultur
zu vermitteln. Denn die "Reform" ist offenbar alleinig darauf
ausgerichtet, Fehler in der Schreibung zu minimieren, nicht
jedoch darauf, die schriftsprachliche Einheit zu festigen und
damit die schriftliche Kommunikation zu unterstützen. Die

"Reform" beseitigt leserfreundliche Schreibungen und orientiert sich dabei an einem niedrigen Niveau. Man kann dieses Bestreben durchaus reaktionär nennen.

Um so verwerflicher ist die Tatsache, daß mit dem Drucken und der Verbreitung der sogenannten "reformierten Schulbücher" diese Reform auf eine ganz häßliche Art und Weise unter Ignoranz alles Vernünftigen durch die Hintertür für rechtens erklärt und eingeführt wird. Im Lesebuch der ersten Klasse (Land Brandenburg, muß man ja wohl dazusagen!) wird die Konjunktion *daß* mit *ss* gelehrt, die Anrede *du* wird klein geschrieben, und es fehlen auch nicht weitere "vorsichtige" Neuregelungen wie "Liebe Mutti, es tut mir *Leid*" oder der sich im Alltagsleben inzwischen sehr häufig vermehrte *Tolpatsch*, wobei dieses breitfüßige Vögelchen seine alte Schreibweise beibehalten durfte. Für die restlichen 99,999...% des Inhalts wäre sicher kein Neudruck notwendig gewesen. Aber man will ja "sanft" beginnen ...

Der Vorsitzende der Rechtschreibkommission, Professor August, hat dazu formuliert: „Was aber die Schreibgemeinschaft nicht annimmt, wird die Schule wieder aus ihrem Lehrplan streichen." Der Katzenschwanz ist nur leider der, daß die Schule ja die heranwachsende Schreibgemeinschaft selbst ausbildet: Wenn ein Kind nie ein *ß* zu sehen bekommt, wird es auch als Erwachsener keins schreiben. Ich unterstelle, daß die Reformer um diesen Zusammenhang sehr genau wissen.

Die deutsche Sprache ist in hohem Maße lautgetreu, d. h. wir schreiben annähernd so, wie wir sprechen. Somit ergibt sich für uns keinerlei dringliche Notwendigkeit für einschneidende Eingriffe in die Schreibweise einzelner Wörter oder ganzer Satzkonstruktionen. Es ist doch ein Irrsinn, den Versuch zu unternehmen, daß wir mit unserer Schriftsprache jedes Detail unserer Aussprache lautgetreu wiedergeben wollen! Das würde auch gar nicht funktionieren, denn selbst bei Anwendung der in Wörterbüchern praktizierten Lautschrift könnten wir wiederum nicht *Boote* von *Bote* unterscheiden, nicht *Mist* von *Misst,* nicht *Meier* von *Mayer.*

Wenn wir unsere Klassiker heute immer noch in einer nahezu unveränderten Rechtschreibung lesen, so ist das kein Indiz dafür, daß unsere Rechtschreibung veraltet ist, sondern es wird uns verdeutlicht, daß wir es mit einer kulturellen und sich über viele Jahrhunderte **bewährten Einheit eines Sprachgebiets** zu tun haben. Und wenn wir nun eine solche Einheit aus wenig nachvollziehbaren Beweggründen einzelner heraus, ohne jede Not, zerstören, dann lassen wir uns auf etwas sehr Heikles, Wirklichkeitsfremdes und Abenteuerliches ein [25].

Die heute gültige Schreibung ist "... das Resultat einer kollektiven Sprachreflexion von Grammatikern und Lehrern, von Autoren und Lesern seit dem 16. Jahrhundert. Deshalb steckt in vielen Regeln mehr **Weisheit**, als mancher Linguist auf Anhieb bemerkt" [26].

Statt einer gesunden Toleranz gegenüber andersartigen Schreibweisen boomt (buhmt?) das Reglementieren. Es herrscht derzeit eine wahre Regelwut, die vermeint, es bedürfe neuer Regelwerke und Wörterbücher, nur damit wir einem Autor vorschreiben können, wie er *Känguruh* oder *Panther* zu schreiben hat.

Es *wird schnell* etwas *weggeworfen*

... in unserer heutigen Gesellschaft. Die Achtung vor Gegenständen geht in unserer schnellebigen Zeit erschreckend rasch verloren. Die Tendenz geht zum Billigen, eher Minderwertigen, schnell zu Verbrauchenden. Es ist heute ja so normal, daß es Radios, Fernseher und Videos gibt. Und es wird stets vorausgesetzt, daß es auch funktioniert. Ist es kaputt, wird es weggeworfen. Wer von den heute Heranwachsenden hat denn überhaupt eine Ahnung davon, wieviel Tausende von Wissenschaftler- und Ingenieursjahren in der Entwicklung eines kleinen, billigen Ohr-Radios enthalten sind?

Känguru

Und jetzt geht's uns auch noch ans Kulturgut! Wenn wir das "h" nicht brauchen, werfen wir es einfach weg und rechtfertigen uns auch noch: Der *Thunfisch* soll ohne h geschrieben werden, weil man das mit *tun* in Verbindung bringt. Wer ist *man*?

Es wäre weit wichtiger und sinnvoller, die bestehenden Regeln einfacher und anschaulicher zu formulieren, so daß sie der Schüler als logisch und konsequent und nicht als wirr, lästig und kompliziert empfindet. So lassen sich beispielsweise viele Kommasetzungen aus dem einfachen Sprechen heraus ableiten, und die meisten sind plausibel und logisch. Auch ein Deutschunterricht kann sehr spannend dargeboten werden. Unterschiedliche Schreibweisen in Zweifelsfällen sollten - so wie das ja bereits gängige Praxis ist - ganz einfach geduldet werden (Frisör, Fotografie, der/das Teil, ...). Ziel sollte die Pflege der Orthographie sein, also die "Bewahrung ihres wesentlichen Gehalts bei gleichzeitigem Bemühen um eine bessere Darstellung" [26].

Und wenn sich über einen gewissen Zeitraum eben die Schreibweise Philosophie mit "F" von allein durchsetzen sollte, dann müßte man sie - genau wie bei Büro oder Foto - eben irgendwann mal formell anerkennen und im Regelwerk verankern. Eine solche Änderung jedoch per Dekret gewaltsam vorab und allgemeingültig durchsetzen zu wollen, ist barbarisch [25]. Das darf weder eine Ministerkonferenz, noch ein Gericht oder irgendein Fachausschuß. Die Rechtschreibkommission ist nicht das Volk.

Ebenso wenig brauchen wir eine Rechtschreibreform unserer Schüler wegen, so wie es in der Dresdner Erklärung der 227. Kultusministerkonferenz im Oktober 1996 [19] festgehalten wurde. Schließlich haben die Lehrer in den Schulen keine Idioten vor sich sitzen, sondern zunächst einmal lernwillige, ganz einfach neugierige, formbare junge Menschen, und niemand hat das Recht, ein Primitiv-Urteil über diese Kinder abzugeben nach dem Motto, "die verstehen das sowieso nicht"!

Wir wären auf längere Sicht gut beraten, wenn wir unsere Kinder, die heute Lernenden, vom Fernseher (*„Tie-Wie"*) wegholen und ihnen zeigen würden, daß es da draußen eine Welt gibt.

Die Rechtschreibreform gehört auf eine gut geordnete Deponie, und dies so rasch wie möglich, damit nicht noch weiterer Schaden entsteht. Nach [2] ergeben Umfragen eine Ablehnungsquote von 70 bis 90%. Viele Reformer haben sich bereits von ihrem Werk distanziert. Keiner jedoch hat bisher öffentlich erklärt, daß "... die neuen Wörterbücher, Lehrbücher, Schulbücher allesamt in den Müll gehören, und daß es unverantwortlich ist, an den Schulen eine Neureglung einzuführen, die demnächst durchgreifend geändert werden muß."

Die Rechtschreibreform setzt sich nicht durch!

„Nur kleine Geister fürchten kleine Bücher." Lion Feuchtwanger, aus: *„Füchse im Weinberg"*.

Die Machtverhältnisse zwischen Befürwortern und Gegnern
der Rechtschreibreform sind so enorm kraß, daß man sich wie
beim berühmten Kampf gegen die Windmühlen fühlen mag
und aufgeben möchte. Aber auch Windmühlen sind einem
Zerfall ausgesetzt, vor allem dann, wenn sie nicht mehr ge-
braucht werden. Je mehr man sich mit der Reform auseinan-
dersetzt, desto stärker wird das Erstaunen darüber, daß sich
Vernunft einfach nicht durchzusetzen vermag, daß es dem
unbedeutendsten Laien möglich ist, ein Reformwerk ausein-
anderzunehmen, welches Experten und Gelehrte in jahrelan-
ger Arbeit zusammengebastelt haben. Ich frage mich oft, wie
das sein kann. Hierzu Professor Peter Eisenberg: „Wenn man
aber Sprache reformieren will, hätte man für viele spezielle
Teilbereiche Spezialisten benötigt, z. B. für die Kommaregeln
einen Syntaktiker, für die Silbentrennung einen Phonetiker,
für die Getrennt- und Zusammenschreibung einen Morpholo-
gen. Solche Spezialisten waren (in der Kommission; Anmer-
kung d. A.) nicht vertreten."

Ich zitiere [27]. Es handelt sich dabei um eine Stellungnahme
eines sachverständigen Experten zu einen Antrag der Volksinitiative Mecklenburg-Vorpommern [10]: „Bei objektiver
Bewertung und ohne vorgefassten Unwillen erweist es sich,
dass die eingeführte Neuregelung durchaus einen deutlichen
Schritt in Richtung auf Systematisierung und Vereinfachung
der Orthographie darstellt, der **vor allem für die Schule erhebliche Vorteile** bringt. Die Neureglung ist in dieser Hinsicht nicht nur der bisherigen überlegen, sie ist auch deutlich
besser als ihr Ruf, in den sie durch die starken und weitüber-
zogenen Vorwürfe ihrer Gegner geraten ist." ... „Wollen wir ...
unseren Kindern die Ausbildungs- und Berufschancen in
Deutschland durch eine mecklenburg-vorpommersche Recht-

schreibung erschweren? Da man darauf eine **akzeptable Antwort** schuldig bleiben muss ..., kann dem Landtag nur dringend empfohlen werden, dem Antrag der Volksinitiative nicht zuzustimmen."

Eine traurige „dringende" Empfehlung! Für die These, daß „die Neuregelung in dieser Hinsicht nicht nur der bisherigen (was?) überlegen" ist, wäre der wissenschaftlich fundierte Beleg noch zu erbringen.

Meine „akzeptable Antwort" als Ingenieur ist dieser Aufsatz hier. „... erhebliche Vorteile für die Schule", wieso für die Schule? Ich habe als Kind mal gelernt: „Nicht für die Schule, sondern für das Leben lernen wir." In meinem bescheidenen Aufsatz konnte ich ohne staatlich geprüfte Gelehrtheit, aber mit kontinuierlich guten und sehr guten Noten im Fach Deutsch, zeigen, daß das neue Regelwerk den bisherigen Regeln alles andere als überlegen ist.

Lehrer stellen inzwischen fest, daß die Fehlerquote an den Schulen zu- statt abnimmt. Die Schüler sind mit den vielen Ausnahmen des künstlichen Regelwerks offenbar überfordert oder werden vom Regelwerk in ihrer Entscheidungsfindung alleingelassen. Es ist vorstellbar, daß zu dieser Thematik in naher Zukunft wissenschaftliche Arbeiten entstehen werden.

Trotz der überaus starken Lobby der Reformer und der Suggerierung durch die Medien, daß die Reform „gelaufen" sei, ist abzusehen, daß sich die Rechtschreibreform langfristig nicht durchsetzen wird. Intelligente Schüler schreiben bereits heute wieder nach den „alten" Regeln. Viele Deutschlehrer sehen sich genötigt und übernehmen die neuen Regeln nur widerwillig. Fachlehrer lassen es freigestellt, wie ihre Schüler außerhalb der Deutschstunde schreiben.

Das Bundesministerium des Innern teilte dem Verein für deutsche Rechtschreibung und Sprachpflege e. V. im Schreiben vom 13. Oktober 1999 mit, daß „weder an Schulen noch in Verwaltungen... Sanktionen an die Anwendung der neuen und alten Rechtschreibung geknüpft" sind. Damit solle die Bereitschaft gefördert werden, sich mit den neuen Regeln vertraut zu machen. [28] **Niemand kann rechtlich gezwungen werden, die neue Schreibung anzuwenden.**

Stand November 1999: In der Hansestadt Bremen und auch in Mecklenburg-Vorpommern stehen zwei weitere Volksbegehren gegen die Reform aus. Weitere Vereine und Initiativen, die sich für den Erhalt unserer sprachlichen Einheit einsetzen, befinden sich in Gründung. Zum Zeitpunkt der Drucklegung existieren deutschlandweit ca. 50 Vereine und Initiativen gegen die Reform, und weitere sind in Gründung.

Trotz der generellen Umstellung der Nachrichtenagenturen auf Neuschrieb am 1. August 1999 erscheinen viele Zeitungen und nahezu die gesamte Belletristik nach wie vor in der klassischen Schreibweise. Die Tatsache, daß selbst die Nachrichtenagenturen die Neuschreibung nur halbherzig umsetzen und ihr eigenes „abgeschwächtes" Regelwerk kreiert haben, ist ein deutliches Indiz dafür, daß die neuen Regeln nicht brauchbar sind.

Dem derzeitigen Schreibchaos setzt Prof. Theodor Ickler sein fast 500-seitiges Nachschlagewerk **Das Rechtschreibwörterbuch** [28] entgegen, welches ich im Anhang III kurz vorstellen werde.

Schließlich bleibt noch festzuhalten, daß zunehmend Zeitungsverlage keine Leserbriefe und Pressemitteilungen mehr veröffentlichen, die sich gegen die Reform artikulieren. Damit verwehren die Printmedien sowohl dem Bürger als auch fachbezogenen Gremien das Grundrecht der freien Meinungsäußerung, die Möglichkeit der sachlichen Aufklärung und die Chance zur Richtigstellung von Verwerfungen. Das sind Zeichen von Verunsicherung und Angst.

Die Ereignisse seit dem 1. August 2000 scheinen meine gewagte These in der Überschrift zu untermauern. Da ich mich nicht in allen Punkten wiederholen will, verweise ich höflich auf mein Vorwort. Nur noch eines: Im Urteil des Bundesverfassungsgerichts in Sachen Rechtschreibung vom 14. Juli 1998 ist dargestellt, daß der Neuschrieb an den Schulen nur dann zulässig sei, wenn mit Sicherheit zu erwarten ist, daß sie die allgemein übliche Rechtschreibung werden wird. Eine solche Erwartung ist spätestens seit August 2000 nicht mehr gegeben.

Die Auflösung

In meinem Aufsatz habe ich als Leitzitat [1] nicht umsonst den Physiker und Nobelpreisträger Richard P. Feynman gewählt. Feynman zeichnete sich durch eine ganz unkonventionelle Art aus, an Problemstellungen heranzugehen. So ist es ihm u. a. gelungen, mit Hilfe seiner besonderen Gabe, Dinge zu hinterfragen und auch Unlogisches zu bewerten und sich dabei von bereits gefaßten Meinungen zu lösen, die Challenger-Katastrophe vom 28. Januar 1986 aufzuklären.

Für diejenigen, die das zitierte Buch nicht kennen, will ich das kleine Farbenphänomen auflösen:

Der Malermeister hatte bei diesem Farbenspiel **gemogelt**. Aus dem Mischen von Rot und Weiß kann nach der Farblehre kein Gelb werden! Beim praktischen Test gab der Maler schließlich zu, immer etwas gelbes Farbpulver in der Hose zu haben und dieses beizumengen. Genau bis zu diesem Zeitpunkt des Eingeständnisses hatte Feynman den Maler ernstgenommen, denn der Maler war für ihn ein Fachmann. Ich denke, was ich damit ausdrücken will, wird hier auf nette Art deutlich ...

Anhang

An dieser Stelle dürfen Autoren immer zugeben, daß sie nicht alles alleine gemacht haben. Es folgt zunächst der obligatorische Quellennachweis.

I. Quellennachweis

[1]   Richard P. Feynman: Sie belieben wohl zu scherzen, Mr. Feynman; Piper Verlag, 1996.

[2]   Theodor Ickler: Die sogenannte Rechtschreibreform - Ein Schildbürgerstreich; Leibniz Verlag, 1997.

[3]   So schreibe ich richtig; Gesellschaft für deutsche Sprache e. V. GfdS, DG Verlag 960 220.

[4]   Die amtliche Regelung der deutschen Rechtschreibung. 21. Auflage 1998, Dudenverlag Mannheim u.a.

[5]   Dr. Wolfgang Näser: Wider die sprachliche Apartheid. Internet-Aufsatz.

[6]   Prof. Walter Krämer: Wie konjugieren Sie download? Management & Karriere, Nr. 44, 5. November 1999, S. 49.

[7]   Zitat aus einer E-Mail an den Autor.

[8]   Detlef Lindenthal: Falsche 'Regeln', 24 S.; Bestellanschrift: 25856 Hattstedt (Eigenverlag).

[9]   Arno Pielenz: Die Reform ist wohl getan, aber wohlgetan ist sie nicht; TAZ 5539, Berlin, 25.05.1998.

[10] Wir stoppen die Rechtschreibreform! Schrift zur Anhörung der Volksinitiative im Landtag von Mecklenburg-Vorpommern vom 06.10.1999.

[11] Stephanus Peil: Die Wörterliste. Selbstverlag, Westerburg 1998.

[12] Der Große Duden. 6. Auflage, Verlag Volk und Wissen, Berlin 1990.

[13] Prof. Theodor Ickler: Das Rechtschreibwörterbuch. Leibniz Verlag St. Goar 2000.

[14] Christian Stetter: Richtige Groß- und Kleinschreibung; Eigenverlag, Wiesbaden 1987.

[15] Sonntagszeit aus Kassel vom 11.01.1998

[16] Rüdiger Safranski: Ein Meister aus Deutschland. Fischer Verlag Frankfurt/M., 1997.

[17] Rainer Maria Rilke: Fünfzig Gedichte. Reclam Verlag Stuttgart, 1997.

[18] Christoph Holub, Stuttgart, E-Mail an den Autor.

[19] Auszug aus der Dresdner Erklärung 227. Kultusministerkonferenz vom Oktober 1996.

[20] Theodor Ickler: Reglungsgewalt - Kommentare und Dokumente zur Rechtschreibreform; Manuskriptdruck, Erlangen Mai 1998.

[21] Bernd Jedamzik, private Homepage im Internet.

[22] Eulenspiegel, Zeitschrift für Humor und Satire. Ausgabe 9/1999, Eulenspiegel Verlag Berlin.

[23] IMW Bildungsinstitut der Mitteldeutschen Wirtschaft. Werbeprospekt

[24] Corrigo Produktinformation, mit freundlicher Genehmigung der CLT GmbH.

[25] Friedrich Dieckmann: Über Regulierungswahn und Synergieprobleme; Freie Presse Chemnitz.

[26] Munske 1997 (siehe [20], S. 40!)

[27] Prof. Dr. D. Nerius: Stellungnahme zum Antrag der Volksinitiative Mecklenburg-Vorpommern „Wir stoppen die Rechtschreibreform", vom 11.10.1999.

[28] Schreiben des Bundesministeriums des Innern an den Verein für deutsche Rechtschreibung und Sprachpflege vom 13.10.1999.

[29] Prof. Theodor Ickler: Das Rechtschreibwörterbuch. Leibniz Verlag St. Goar, 2000.

II. Bildernachweis

◆ Umschlagbild Kind mit Büchern: unbekannt (Internet)

◆ Umschlagbild Bleistift: unbekannt (Internet)

◆ Verbotsschild Rechtschreibreform: unbekannt (Internet)

◆ Katze mit §-Schwanz: unbekannt (Internet), bearbeitet durch den Autor

◆ Harald Fischer: „Weißt du nicht, daß nach der Reform...". Mit freundlicher Genehmigung des Zeichners

◆ Uwe Krumbiegel: Rechtschreibung auch beim Sprechen. Mit freundlicher Genehmigung des Zeichners.

◆ Jürgen Dieko Müller: „Wie schreibt man Schifffahrt?". Mit freundlicher Genehmigung des Zeichners

◆ Herr Ohm: unbekannt (Internet)

◆ Das berühmte URI-Dreieck: Handzeichnung des Autors

◆ Der getrennte Zucker: Mit freundlicher Zustimmung des Herausgebers, Beate & Klaus Stetten

◆ Panther, Foto: unbekannt (Internet)

◆ Stenobeispiel: Deutsche Stenografie. Verlag Die Wirtschaft Berlin 1978, Seite 10, bearbeitet durch den Autor

◆ Blickpunkt Physik 10: Deckblatt eines Lehrbuches

◆ Beispiele für Ausnahmen: Badische Neueste Nachrichten vom 1. August 1999

◆ Brief der Redaktion „Badische Neueste Nachrichten" vom 10. August 1999

◆ In eigener Sache: Ein Muss...: „Zeitung zum Sonntag" vom 1. August 1999

◆ Neue Schreibweise: „Sonntag" vom 1. August 1999

♦ Logo „Seit 1. August 1998 verbindlich!": Werbeprospekt des IMW Bildungsinstitut der Mittelständischen Wirtschaft, mit freundlicher Genehmigung

♦ Der Nutzen für Ihr Unternehmen: Werbeprospekt des IMW Bildungsinstitut der Mittelständischen Wirtschaft

♦ Klaus Stuttmann: Justitia. Mit freundlicher Genehmigung des Zeichners

♦ Känguru ohne „h" und Teufelchen: Mit freundlicher Zustimmung des Herausgebers, Beate & Klaus Stetten

♦ Das hüpfende kleine Tierchen im Impressum hat Bernd Jedamzik ins Leben gerufen. In verkleinerter Form lassen sich damit ganz wunderbar Anschreiben an Behörden etc. verschönern ...

III. Ausgewählte Publikationen

Eigentlich müßte es ein Bestseller sein, und in meinem Aufsatz habe ich einige Male daraus zitiert:

DIE SOGENANNTE RECHTSCHREIBREFORM - EIN SCHILDBÜRGERSTREICH

von Prof. Theodor Ickler. In diesem "Standardwerk" gegen die Rechtschreibreform [2] macht Ickler den ganzen Irrwitz der Reform deutlich. Ickler, der selbst lang genug hinter die Kulissen schauen konnte, nimmt hier kein Blatt vor den Mund, um das Unregelwerk zu analysieren und deren Befürworter zu entzaubern. Professor Ickler referierte vor dem Rechtsausschuß des Bundestages und wurde von der Zwischenstaatlichen Rechtschreibkommission in Mannheim und dem Bundesverfassungsgericht in Karlsruhe gehört. Er vertrat in Mannheim die bundesweite Initiative "Wir Lehrer gegen die Rechtschreibreform" und in Karlsruhe den Verein für deutsche Rechtschreibung und Sprachpflege e. V.

Der "Schildbürgerstreich" gehört zu den 10 besten Sachbüchern, die monatlich im Auftrag der Süddeutschen Zeitung und des NDR von einer Jury ermittelt werden. Albert von Schirnding empfahl es als das besondere Buch des Monats September 1997. Das Büchlein ist 1997 im Leibniz Verlag, St. Goar, ISBN 3-931155-09-9, in zweiter Auflage erschienen. Eine ganz heiße Empfehlung! Es sollte in jedem Buchladen gleich vorn an der Kasse ausliegen, gleich neben den anderen unzähligen Broschüren und Heften, die dem braven Bürger die neue und „bessere" Schreibung nahebringen sollen.

DIE WÖRTERLISTE von Stephanus Peil [11] ist eine sehr aufschlußreiche Gegenüberstellung bisheriger und neuer Schreibweisen, bei deren Vergleich einem die Haare zu Berge stehen, beispielsweise:

„Blut saugend", aber *blutstillend*. Oder:
„Eis laufen", aber *seiltanzen*

Peil ist Grundschullehrer. Er vergleicht traditionelle und reformierte Schreibweisen miteinander. Diese beinahe schon legendäre „Peilsche Liste" macht die Zerstörung der Systematik der Rechtschreibung auf den ersten Blick sichtbar. Man kann sich vor Lachen kaum halten. Aber wenn man merkt, daß man sich keiner Satire gegenübersieht, sondern grausigem verordneten Unfug, vergeht einem das Lachen schnell, und man wird einfach fassungslos.

Die Broschüre ist in 10. Auflage im Selbstverlag erschienen, Westerburg 1998. Beigelegt ist eine Begleit-Dokumentation des Vereins für deutsche Rechtschreibung und Sprachpflege e. V. (VRS): Unser Kampf gegen die Rechtschreibreform? Nur erhältlich über den VRS.

Eine geniale Neuentdeckung war für mich

SCHILDBÜRGERS RECHTSCHREIBREFORM

von Werner Guth. Diese Broschüre liegt manchmal auf meinem Arbeitsplatz, und als ein Kollege einmal neugierig einen Blick hineinwarf, versuchte der mich doch tatsächlich sehr ernsthaft davon zu überzeugen, daß in dem nachfolgend genannten Satz nach dem Wort *begann* das Wörtchen *durch* fehlt:

"Gestern Morgen, da saß er am Elbufer und begann seine schwarze Sonnenbrille auf der Nase zu beobachten, wie die Badegäste eintrafen."

Na, kann den Satz irgend jemand vernünftig lesen und interpretieren, ohne daß da das Wörtchen *durch* fehlt? Wenn nicht, dann schicken Sie doch dem Herrn Guth eine Postkarte, er wird es Ihnen sicher erklären. Wirkungsvoller kann man das

Ergebnis des freien Umgangs mit der Zeichensetzung beinahe nicht mehr darstellen. Dabei macht Herr Guth nichts weiter, als Texte und Kurzprosa in der neuen Schreibung zu verfassen, und zwar mit allen Freiheiten, die seit dem 1. August 1998 in Schulen und Behörden erlaubt sind. Übungsfragen testen den bereitwilligen Leser, und es ist zu erwarten, daß auch die treuesten der reformfreudigen Leute unter uns bei diesen Übungen versagen. Diese "Orthographie für Übeltäter" ist erschienen im Bilstein Verlag, 2. Auflage, 1998, 34305 Niedenstein-Kirchberg, Bergstraße 5, Telefon und Fax 05603 - 1269, ISBN-Nummer 3-931398-06-4.

Ganz neu auf dem Markt ist

DAS RECHTSCHREIBWÖRTERBUCH. DIE BEWÄHRTE DEUTSCHE RECHTSCHREIBUNG IN NEUER DARSTELLUNG. SINNVOLL SCHREIBEN, TRENNEN, ZEICHEN SETZEN. Das Wörterbuch ist 2000 erschienen im Leibniz Verlag St. Goar und unter ISBN 3-931155-14-5 für 29,80 DM erhältlich.

Prof. Theodor Ickler gelingt hier [29] der geniale Versuch, **die heute übliche Schreibung auf einfache Weise zu erläutern** und in vergleichsweise wenigen formellen Regeln ohne wülstigen Ausnahmeteil - dafür mit logisch verständlichen Anmerkungen und Beispielen - zusammenzufassen. Der regulären Wörterliste setzt Ickler eine „Kurze Anleitung zum rechten Schreiben" voran. Im Glossar werden „komplizierte" sprachwissenschaftliche Ausdrücke erklärt, die zum allgemeinen Verständnis unserer Sprache unumgänglich sind.

„Mit der von Prof. Ickler dargestellten Sicht der Rechtschreibreform bin ich nicht einverstanden. Schon die Forderung nach einer allgemeinen Zustimmung würde ja jede Reform von vornherein ausschließen...", so beginnt die Leserzuschrift von Reinhold Trier an die DEUTSCHE SPRACHWELT. Recht hat er! Icklers Wörterbuch **hebt die gesamte Rechtschreibreform grundlegend aus den Angeln**. Es zeigt, daß es auch ohne Reform geht und daß unsere Sprache nicht so schwierig ist, wie uns die Reformer weismachen wollen. Schlechte Noten in den Schulen haben ganz andere Ursachen. Einige Wörter muß man auch mal *lernen*. Nicht überall kann man Regeln aufstellen. Wer dieses Wörterbuch im Schrank hat, braucht die „neuen Regeln" nicht. Und es war ja erklärtes Ziel der Reformer, das Schreiben zu vereinfachen, oder? Dieses Ziel hat Ickler weitaus eleganter und für die ganze Gesellschaft vorteilhafter erreicht, als es den Reformern recht sein mag. Ickler hat nicht die altbewährte Rechtschreibung reformiert, sondern die Herangehensweise beim Umgang mit derselben. Das verdient Respekt.

Der Scheunen-Verlag Kückenshagen brachte 1998 unter der ISBN-Nummer 3-929370-78-6 ein sachlich-humorvolles Taschenbuch mit dem Titel OTTOKAR VIEREWORM, ICH WERDE DICH NIE VERGESSEN heraus. Der Autor ist Dr. Achim Friker. Untertitel: Was Sie über die neue Rechtschreibung unbedingt wissen sollten. „Spätestens ab dem Jahre 2005, wenn die alte Rechtschreibung ungültig wird, kann ohnehin niemandem mehr (die Entscheidung für Neu- oder Altschrieb, Anm. d. A.) schwerfallen. Nicht, weil die neue Rechtschreibung so einfach wäre, sondern weil sie das Wort *schwerfallen* abschafft ..."

Im Scheunen-Verlag erscheinen sogar Kinder- und Jugendbücher in richtigem Deutsch: HUGO UND DER VERLORENE TRAUM von Bodo Schulenburg und Elinor Weise ist ein herrlich illustriertes und ideenreich produziertes Buch für Kinder um die 6 (ISBN-Nummer 3-934301-12-6). Auch EGON UND DAS ACHTE WELTWUNDER von Joachim Wohlgemuth ist ein „nichtreformierter" Geschenktip (ISBN-Nummer 3-929370-45-x).

Wer tiefer in die Thematik der Rechtschreibreform eindringen will, sollte aufbauend folgende Veröffentlichungen lesen:

Ickler, Theodor: **KRITISCHER KOMMENTAR ZUR "NEUREGELUNG DER DEUTSCHEN RECHTSCHREIBUNG"**: mit einem Anhang zur "Mannheimer Anhörung", 2. durchgesehene und erweiterte Auflage, Erlangen und Jena: Verlag Palm & Enke, 1999 (Erlanger Studien, Band 116). Das ist die bisher einzige umfassende und sorgfältige linguistische Analyse der Rechtschreibreform. Ickler weist nach, daß das neue Regelwerk vor Fehlern und Widersprüchen strotzt und zu einem Chaos in der Rechtschreibung führt.

Krieger, Hans: **DER RECHTSCHREIB-SCHWINDEL**. St. Goar: Leibniz-Verlag, 1998. Aufsatzsammlung des Feuilletonchefs der Bayerischen Staatszeitung.

Peil, Stephanus: **PRESSE-ORTHOGRAPHIE NACH DER UMSTELLUNG AUF DIE NEUREGELUNG AB 1.8.1999**. 2. Auflage, St. Goar: Leibniz-Verlag, 2000. Peil deckt anhand von Beispielen aus der deutschen Presse schonungslos die neue Primitiv- und Beliebigkeitsschreibung auf. Ein normaler Zeitungsleser weiß heute nicht mehr, ob es sich um die traditionelle normale Rechtschreibung, den mangelhaften Neuschrieb oder eine Beliebigkeitsschreibung mit einer Mischung aus traditioneller normaler Rechtschreibung, Neuschrieb oder Phantasieschreibung handelt.

Riebe, Manfred; Schäbler, Norbert; Loew, Tobias (Hrsg.): **DER "STILLE" PROTEST. WIDERSTAND GEGEN DIE RECHTSCHREIBREFORM IM SCHATTEN DER ÖFFENTLICHKEIT**, St. Goar: Leibniz-Verlag, 1997. Die Publikation enthält Dokumente von 23 Initiativen gegen die Rechtschreibreform aus den Jahren 1993 bis 1997.

Ruta, Gabriele; Ahrens, Carsten (Hrsg.): **DER NACKTE KAISER**. Zur "Rechtschreibreform" sagte oder schrieb ..., 300 Zitate, St. Goar: Leibniz Verlag, 1998.

Schami, Rafik: DAS ELEND DER RECHTSCHREIBREFORM. In: Schami, Rafik: Damals dort und heute hier. Über Fremdsein. Hrsg. Erich Jooß, Freiburg, Verlag Herder, 1998, S. 94-100.

ENGLEUTSCH? NEIN, DANKE! WIE SAG ICH'S AUF DEUTSCH? Eine Wörterliste, 2. Auflage, 2000, zu beziehen über den Verein für deutsche Rechtschreibung und Sprachpflege e. V. (VRS).

DEUTSCHE SPRACHWELT - GEMEINSAM ERHALTEN UND GESTALTEN. Diese "Sprachzeitung für alle" in traditioneller Rechtschreibung wurde mit Unterstützung des Vereins für deutsche Rechtschreibung und Sprachpflege e. V. (VRS) ins Leben gerufen. Sie ist über den Verein zu beziehen. Die Zeitung erscheint vierteljährlich im Berliner Zeitungsformat als achtseitige Papierausgabe. Bezug über:

Postfach 27, A-2103 Lang-Enzersdorf bei Wien
Fernruf und Ferndruck (Fax) 0043-(0)2244-30542
markus.weiss@netway.at

Schriftleitung (Redaktion): Thomas Paulwitz
Postfach 1449, D-91004 Erlangen
Fernruf 0049-(0)9131-480661 (Tonband)
Ferndruck (Fax) 0049-(0)9131-480662
sprachwelt@t-online.de

Viel Spaß bei der Leck-Türe! ☺

IV. In rechtschreibeigener Sache

Rechtschreibinteressierten sei an dieser Stelle folgende Adresse empfohlen:

VRS - Verein für deutsche Rechtschreibung und Sprachpflege e. V.

Vorsitzender: OStR Manfred Riebe, Max-Reger-Straße 99,
D-90571 Schwaig bei Nürnberg
Tel. 0049-(0)911-50674 22, Fax: -5067423
manfred.riebe@raytec.de
http://www.raytec.de/rechtschreibreform

Ziel des Vereins ist die Bewahrung des hohen Entwicklungsstandes der deutschen Sprache, wie er sich in der Rechtschreibung des Duden bis zu seiner 20. Auflage 1991 durch behutsame und sachgerechte Anpassung der Schrift an die sich lebendig entwickelnde Sprache widerspiegelt.  Der Verein wirkt darauf hin, daß die deutsche Sprache in der Bundesrepublik Deutschland und insbesondere ihre Rechtschreibung vor willkürlichen Eingriffen geschützt wird und daß Ergebnisse von natürlichen Entwicklungen der Orthographie, die sich in der Sprachgemeinschaft vollzogen haben, wie bisher in eine verbindliche Wörterliste aufgenommen werden und so die Voraussetzungen für die notwendige orthographische Einheitlichkeit erhalten bleiben.

Der Verein setzt sich dafür ein, daß bei der Reflektierung von Sprachentwicklungen die erforderlichen linguistischen, demokratischen, rechtlichen und pädagogischen Grundsätze beachtet werden.

Rechtschreibreform im World Wide Web:

http://www.wuerzburg.de/spec/rechtschreibreform/meinung
http://www.spiegel.de/forum/
http://www.egroups.com/group/schreibdeform/
http://rechtschreibreform.com
http://www.rechtschreibung.com